Séaume (abbé)

Le vénérable Nunzio
Sulprizio.

Paris, 1900.

LE VÉNÉRABLE

NUNZIO SULPRIZIO

PATRON ASSIGNÉ AUX JEUNES OUVRIERS PAR LÉON XIII

le 21 juin 1891, fête de saint Louis de Gonzague

VIE SURNATURELLE ET MERVEILLEUSE

D'UN APPRENTI MARÉCHAL AU XIX° SIÈCLE

PAR

L'abbé SÉAUME

CURÉ DE PIRAJOUX, DIOCÈSE DE BELLEY (AIN)

(Abrégé de la vie italienne par l'abbé RAPHAEL PICA
prêtre de Naples)

———————·†·———————

LIBRAIRIE RELIGIEUSE H. OUDIN

PARIS | POITIERS
10, RUE DE MÉZIÈRES, 10 | 4, RUE DE L'ÉPERON, 4

1900

LE VÉNÉRABLE

NUNZIO SULPRIZIO

VIE SURNATURELLE ET MERVEILLEUSE D'UN APPRENTI MARÉCHAL AU XIXe SIÈCLE

13 AVRIL 1817 - 5 MAI 1836
DÉCLARÉ VÉNÉRABLE LE 9 JUILLET 1859

LE VÉNÉRABLE

NUNZIO SULPRIZIO

PATRON ASSIGNÉ AUX JEUNES OUVRIERS PAR LÉON XIII

le 21 juin 1891, fête de saint Louis de Gonzague

VIE SURNATURELLE ET MERVEILLEUSE

D'UN APPRENTI MARÉCHAL AU XIXe SIÈCLE

PAR

L'abbé SÉAUME

CURÉ DE PIRAJOUX, DIOCÈSE DE BELLEY (AIN)

(Abrégé de la vie italienne par l'abbé RAPHAEL PICA
prêtre de Naples)

LIBRAIRIE RELIGIEUSE H. OUDIN

PARIS | POITIERS
10, RUE DE MÉZIÈRES, 10 | 4, RUE DE L'ÉPERON, 4

1900

AVANT-PROPOS

Chaque saint a sa caractéristique qui répond à une nécessité du temps actuel. Celle qui ressort lumineuse de la vie du Vénérable « Nunzio Sulprizio », c'est le surnaturel qui l'inspire tout entière. Sans fortune, sans parents dès sa plus tendre jeunesse, il ne se mêle aux autres enfants que pour sauver leurs âmes. Et quand la cruauté d'un oncle l'a affligé d'une maladie incurable, il ne veut que la volonté de Dieu. Dans la dévotion au Saint-Sacrement, au Sacré-Cœur, à la sainte Vierge, aux Anges gardiens, aux âmes du Purgatoire, il trouve la force, la sérénité d'âme de tout supporter et de se réjouir de faire la volonté de Dieu. Aussi il n'est pas possible de commencer cette vie sans l'achever ; de l'avoir lue sans se sentir meilleur et sans adresser au bon Dieu cette prière : *Moriatur anima mea morte Justorum.*

DISCOURS

PRONONCÉ PAR LE SOUVERAIN PONTIFE LÉON XIII

en la fête de saint Louis de Gonzague, le 21 juin 1891,
après la lecture du Décret sur l'héroïcité des vertus du Vénérable
Nunzio Sulprizio.

C'est avec raison que Nous avons voulu, en cette
solennité consacrée à la mémoire de l'angélique
jeune homme saint Louis de Gonzague, que fût publié le décret constatant l'héroïcité des vertus pra-
tiquées par le Vénérable Serviteur de Dieu Nunzio
Sulprizio. C'était raisonnable et opportun, eu égard
à la déplorable condition des temps où nous vivons.
Aujourd'hui, vous le voyez, le monde et l'humanité
tout entière gémissent accablés sous une quantité de
maux ; les doctrines contraires à la saine raison en-
gendrent partout l'incrédulité et l'impiété ; une licence
épouvantable et la corruption des mœurs ouvrent la
voie aux plus mauvaises passions, et l'imprudente
jeunesse en subit les funestes conséquences. Elle
grandit sans aucun préservatif, continuellement ex-
posée aux dangers, aux séductions de tout genre,
tombe misérablement dans les pièges et les embûches

qui lui sont tendus, se pervertit et se déprave dans le
vice. L'Eglise, qui fut toujours jalouse du jeune âge,
s'en afflige grandement, et, dans sa maternelle sollicitude, n'omet rien de ce qui peut la préserver de cette
ruine fatale. Et comme les exemples sont infiniment
plus efficaces que les paroles, elle propose à l'émula-
tion des jeunes gens d'éclatants modèles d'innocence
et de candeur virginale.

Depuis trois siècles la lumineuse figure de saint
Louis de Gonzague, véritable prototype de l'ange tuté-
laire de la jeunesse catholique, resplendit de la gloire
immortelle : aussi, au troisième centenaire de sa précieuse mort, Nous saisissons avec joie l'occasion de
convier nos jeunes gens à le célébrer avec une ma-
gnificence inaccoutumée, les engageant à rappeler
et à glorifier son admirable vie. De plus, aujourd'hui
Nous voulons leur proposer un modèle accompli d'un
Patron céleste dans le petit ouvrier Nunzio Sulprizio.
Dès ses plus tendres années, il prit Louis pour modèle, et chercha à imiter son esprit de mortification,
de patience, d'humilité, d'oraison, et, jeune comme
lui, riche en mérites, il s'endormit dans le Seigneur
en odeur de sainteté. Oh ! que la jeunesse apprenne
aussi de Nunzio Sulprizio à imiter les angéliques
vertus de Louis de Gonzague ; à demeurer toujours
fidèle et dévouée à Dieu, à l'Eglise, à fuir soigneusement la compagnie des méchants et les corruptions
du siècle. Tel est le plus cher, le plus ardent désir de
Notre cœur ! Ce sera aussi le fruit le plus précieux
des fêtes et des solennités que l'on célèbre partout

aujourd'hui avec tant d'amour en l'honneur de l'angélique jeune homme.

Cependant, en cet heureux jour, à vous tous ici
présents, Nous accordons la Bénédiction apostolique
de toute l'effusion de notre cœur.

LE
VÉNÉRABLE NUNZIO SULPRIZIO

CHAPITRE PREMIER

NAISSANCE. — BAPTÊME. — CONFIRMATION. —
PREMIÈRES ANNÉES.

Dominique Sulprizio et son épouse Rose-
Dominique Luciani habitaient Pesco Sansonesco,
petite localité, délicieusement située sur un pla-
teau qui domine la mer Adriatique, dans le
diocèse de Penne et Atri (1), au royaume de
Naples. Dominique exerçait l'état de cordonnier,
Rose gagnait modestement sa vie au fuseau; ils
étaient aussi peu connus que distingués par leurs

(1) Penne, ancienne Pinna, actuellement Cività di
Penne, ville du royaume de Naples, Abbruzze citérieure
première, à 24 kil. N.-O. de Chieti, 8,900 habitants. Chieti,
chef-lieu de l'Abbruzze citérieure, est à 160 kil. N. de
Naples.

vertus, lorsque, la nuit du dimanche de Quasi-
modo, 13 avril 1817, leur naquit un beau garçon.
Ils le firent aussitôt baptiser à l'église de Saint-
Jean-Baptiste et l'appelèrent *Nunzio*, en l'honneur
de l'Annonciation de la sainte Vierge et pour le
mettre, dès le berceau, sous la protection de la
Reine des cieux. Ces bons parents consacrèrent
tous leurs soins à l'élever chrétiennement ; de
bonne heure, ils l'habituèrent à prononcer les
noms de Jésus et de Marie, à faire le signe de la
croix et à prier.

Il venait d'atteindre sa troisième année, lorsqu'ils jugèrent utile de le présenter à la confirmation, le 16 mai 1820 : c'était le mardi dans
l'octave de la Pentecôte. On peut conjecturer
que l'Esprit-Saint, sachant que cet enfant devien-
drait bientôt dans l'Église un modèle de patience
et qu'il aurait beaucoup à souffrir, voulait lui com-
muniquer, par avance, la force de supporter les
nombreuses tribulations qui devaient l'éprouver.

Deux mois après avoir reçu le Saint-Esprit,
Nunzio perdit son pieux et tendre père. Saisi
d'une grave et terrible maladie, Dominique fut
promptement réduit à toute extrémité. Après
avoir supporté de grandes douleurs avec résignation et reçu les derniers sacrements, il rendit
paisiblement son âme à Dieu, plein de force et
de jeunesse, le 1er août 1820 ; il n'avait que vingt-
six ans.

Nunzio et sa mère allèrent habiter avec son

aïeule maternelle, femme réellement supérieure
et très versée dans la spiritualité. Ils y demeu-
rèrent un peu plus d'une année et la conduite
de Nunzio fut toujours très édifiante. Mais,
pour assurer du pain et un protecteur à son
enfant, Rose résolut de se remarier et, le
14 mars 1822, elle épousa Jacques-Antoine de
Fabris, de Corvara, village voisin de Pesco Sansonesco.

Nunzio se sépara à contre-cœur de sa bonne
aïeule, dont les exemples et les conseils l'avaient
puissamment encouragé à la vertu, et il suivit
sa mère à Corvara chez son beau-père. Il n'y
demeura que peu de temps, pour n'y plus revenir,
mais ce fut assez pour se faire estimer. Jamais il
ne se mêlait aux autres enfants dont il évitait les
amusements puérils, et lors même que ceux-ci
l'injuriaient et le maltraitaient, il supportait
tout dans le calme et le silence. Son beau-père,
qui était très acariâtre, le grondait et le frappait
souvent ; l'enfant se possédait parfaitement et,
chose vraiment admirable ! ne se plaignait
jamais à sa mère, quoiqu'elle l'aimât beaucoup.
Il fréquentait l'école dirigée par un prêtre pieux
et zélé, qui ne cessait de louer son admirable
conduite et de le proposer à ses camarades comme
un modèle de piété, de modestie et de travail.

Telle était la vie de cet enfant béni, lorsque
Dieu, dans ses impénétrables desseins, se plut à le
priver encore de sa mère, sans doute afin que

son sacrifice fût plus parfait et qu'il fît un autre grand pas dans la voie épineuse où la mort de son père l'avait introduit. On aurait vraiment dit que la mort attendait Dominique-Rose à Corvara, car elle la frappa quelques mois seulement après son second mariage. Accablée des plus pénibles infirmités, la mère de Nunzio montra un courage invincible, une patience héroïque, reçut les derniers sacrements et mourut en paix, le sourire sur les lèvres, le 5 mars 1823.

Les bons habitants de Pesco Sansonesco regrettèrent Dominique-Rose plus encore que son époux, car ils avaient une plus haute idée de sa vertu, et à ses funérailles ils mêlèrent les louanges et les bénédictions à leurs larmes.

CHAPITRE II

L'ORPHELIN.

La bonne aïeule de Nunzio l'aimait beaucoup à
cause de sa sincère disposition à la piété et à la
vertu ; elle voulut le prendre chez elle et surveil-
ler son éducation. Nunzio s'y rendit avec empressement et bonheur, car il espérait ne jamais la
perdre de vue, et se sanctifier avec elle. Anne de
Rosso, veuve Luciani, fut une femme d'une sa-
gesse et d'une distinction incomparables ; elle
observait avec le plus grand soin les commande-
ments de Dieu et de l'Eglise et disait habituellement « qu'elle ne voulait rien que la volonté de
Dieu, qu'elle ne recherchait rien que son bon
plaisir ». Elle supporta avec une patience héroïque
le meurtre cruel de son mari (1). Elle secourait
les pauvres avec une affection et une sollicitude
toute maternelle. Sa caractéristique était une
filiale et sincère dévotion à la sainte Vierge,
qu'elle honorait principalement par la récitation

(1) Joseph Luciani, tué le 13 juillet 1807, lors de la première invasion des Abbruzzes.

du Rosaire ; et cette pieuse pratique, elle l'inculqua si bien dans le cœur du petit enfant, qu'il y demeura fidèle toute sa vie ; malgré les plus atroces douleurs, il consacra toujours une partie de la journée à réciter la couronne de Marie ; elle lui apprenait, en même temps, à méditer sur les mystères du Rosaire et lui enseignait les vérités sur lesquelles repose cette pieuse pratique ; elle le conduisait à l'église pour entendre la Messe ; et quoiqu'il fût encore incapable de recevoir le sacrement de pénitence, elle le présentait fréquemment aux prêtres qui confessaient, afin qu'il reçût leur bénédiction et de salutaires avis. Aussi le petit Nunzio apprit dès lors à aimer les prêtres, à rechercher leur compagnie ; en les apercevant, il accourait leur baiser les mains, selon l'usage du pays ; et les jours de fête, il assistait au catéchisme à l'église paroissiale, afin de recevoir une instruction religieuse plus complète et plus solide.

Nunzio fréquentait l'école gratuite d'un prêtre distingué, en faveur des enfants pauvres (1). Sa tenue, sa modestie, son application, sa docilité, son ingénuité, sa maturité, son bon sens firent concevoir les plus hautes espérances à son nouveau

______

(1) Au commencement de ce siècle, en Italie comme en France avant la grande Révolution, l'Eglise, grâce aux anciennes fondations, tenait partout des écoles gratuites, et cette gratuité ne grevait pas les contribuables, comme la prétendue gratuité maçonnique actuelle.

maître, qui le proposait à tous les autres enfants comme un modèle accompli.

Lorsque les camarades de Nunzio l'engageaient à partager leurs jeux, il s'excusait poliment et les invitait à réciter avec lui l'*Ave Maria* ou le Rosaire ; s'ils se contrariaient ou se querellaient entre eux, Nunzio leur parlait avec douceur pour les réconcilier ; s'ils se permettaient des impertinences ou des paroles peu convenables, il les avertissait avec bonté et cherchait à les corriger ; il exhortait les enfants tièdes à pratiquer la vertu, les méchants à se convertir, les paresseux à travailler et les coupables à réparer leurs fautes ; mais ses exemples et sa sainte vie étaient beaucoup plus efficaces que ses paroles.

A la maison, il n'était jamais oisif, mais constamment occupé à prier, à étudier, à se rendre utile dans le ménage. S'il ne pouvait aller à l'église, il se mettait à genoux sur le seuil de la porte et priait avec ferveur, les yeux fixés sur l'église Saint-Antoine qui se trouvait en face. Ses plus chères récréations consistaient à dresser de petits autels et à imiter les cérémonies qu'il avait vu faire à l'église, car il avait déjà un grand attrait pour le sacerdoce.

Outre ses exercices quotidiens de piété et le Rosaire qu'il récitait ordinairement avec son aïeule, il avait coutume de se mettre souvent à genoux dans quelque coin isolé de la maison et d'y prier longtemps. Il avait une dévotion particulière à une image de la sainte Vierge conservée dans la famille ; lorsqu'il était à genoux devant elle, il paraissait ravi en Dieu.

C'était un véritable bonheur pour lui d'assister à la sainte Messe ; il était si absorbé par ce divin sacrifice qu'il arrachait des larmes aux fidèles recueillis dans l'église, et un grand nombre d'entre eux se plaçaient de façon à le voir et à jouir d'un spectacle aussi touchant. Lorsqu'il était à genoux devant le Saint-Sacrement ou qu'il accompagnait le saint Viatique, un cierge à la main, sa modestie, son recueillement, sa ferveur le rendaient semblable à un ange incarné.

A peine âgé de sept ans, il s'exerçait à la mortification en traînant la langue sur le pavé de l'église paroissiale de Saint-Jean-Baptiste, depuis la porte d'entrée jusqu'au grand autel (1). Il redoublait ses mortifications à certains jours de la semaine, durant les neuvaines préparatoires aux fêtes de la sainte Vierge et aux Vigiles des grandes solennités.

Aussi faisait-on grand cas de cet enfant, qu'on appelait *petit saint, petit ange* ; on le proposait comme un modèle de vertu et d'innocence à la jeunesse et même à l'âge mûr, et Dieu lui-même

____

(1) Ce genre de mortification nous paraît extraordinaire ; mais la vie des saints nous offre des faits analogues. Le Vénérable pouvait le pratiquer par inspiration divine ou par suite des conseils de sa pieuse aïeule qui voulait l'habituer à se mortifier.

prenait plaisir à manifester la vertu de son petit
serviteur ; il lui révélait l'avenir, car on lui demandait fréquemment si on pouvait aller travailler
aux *champs*, et Nunzio, levant les yeux au ciel,
répondait ingénument : *Allez-y, vous aurez beau
temps* ; ou bien : *N'y allez pas, il fera mauvais.*
Et tout se vérifiait à la lettre.

CHAPITRE III

LE DÉLAISSEMENT.

Le 4 avril 1826, le Seigneur appelait à lui
l'aïeule bien-aimée de Nunzio, et le pauvre orphelin demeurait seul au monde, sans une âme cha-
ritable pour prendre soin de lui, au moment où il
allait être exposé à un genre inouï de persécution,
à la cruauté de son oncle maternel, Dominique
Luciani.

C'était un maréchal ferrant, grossier et ignare,
sans crainte de Dieu, avare, sanguinaire, au cœur
de bronze, colère, vindicatif, ivrogne. Dès que
Nunzio fut abandonné à sa merci, il lui enjoignit
sévèrement de ne plus jamais fréquenter l'école,
mais d'aller exactement à la forge apprendre
l'état de maréchal, car il voulait tirer tout le profit
possible de cette pauvre créature. Il l'accablait
d'énormes travaux incompatibles avec son âge et
sa santé ; souvent il l'envoyait au loin recouvrer
de l'argent, porter des charges de fer, de jour, de
nuit, nu-pieds, couvert de haillons, par la neige,
par la pluie, par les vents les plus froids les
plus violents, par les plus accablantes chaleurs,

brûlé du soleil, ruisselant de sueur. Tout courbé
sous son fardeau, Nunzio n'avançait qu'à grand'-
peine. Lorsque, pris de pitié, on l'interrogeait, il
racontait ingénument qu'il pâlissait et séchait
de frayeur en entendant les loups hurler, les
serpents siffler dans les montagnes et dans les
vallées.

Dominique vomissait contre le pauvre enfant
des obscénités et des blasphèmes si horribles que
cet ange de pureté rougissait, se couvrait le visage
de ses mains et se cachait dans un coin de la forge ;
d'autres fois, redoutant d'être tué par son oncle
qui le poursuivait, il se réfugiait dans la maison
voisine, chez une bonne dame dont voici la déposition : « Son oncle le souffletait, le battait à
coups de poing, à coups de pied, le frappait avec
tout ce qui lui tombait sous la main, sans excep-
ter les baguettes de fer, le foulait aux pieds ; il le
frappait même à coups de marteau et diminuait
fréquemment le peu de nourriture qu'il lui donnait pour l'empêcher de mourir de faim ». Il le
condamnait souvent à un jeûne si long et si rigoureux que Nunzio, se sentant défaillir, demandait secrètement la charité d'un morceau de pain.
Et malheur à lui si son oncle s'en fût aperçu !
Cependant le pauvre enfant était innocent et ne
donnait aucun prétexte d'être ainsi traité, car, connaissant le caractère cruel et brutal de son oncle,
il pâlissait et tremblait rien qu'en le voyant.
Ce bourreau impitoyable s'acharnait ainsi contre

Nunzio, uniquement parce qu'il était innocent et que personne ne le défendait. Souvent, qui le croirait ? Dominique s'emportait lorsque sa victime lui demandait la permission d'aller assister au catéchisme ou à la messe de la paroisse.

Nunzio, ainsi malmené par son oncle, l'aimait, le respectait, lui obéissait toujours, sans jamais montrer de l'aigreur ou de l'irritation ; si on le plaignait, en l'absence de Dominique, il gardait le silence ou s'accusait lui-même de ne pas le servir comme il aurait dû. Maintes fois il dissimula les tourments qu'il lui faisait endurer ; il s'exerçait ainsi à la patience, refoulant dans son cœur les larmes si amères qui jaillissaient de ses yeux, et priant humblement le Seigneur de lui donner les forces et la santé nécessaires pour tout supporter.

Ces mauvais traitements et les mortifications volontaires qu'il pratiquait dès ses plus tendres années, amoindrirent ses forces ; sa pâleur et sa maigreur manifestaient ses grandes souffrances intérieures, lorsqu'une circonstance amena le mal à son paroxysme.

Un matin, durant un hiver des plus rigoureux, Dominique, ayant réuni une forte charge de fer forgé, enjoignit à Nunzio de le porter sans retard dans une maison sur une montagne escarpée. L'orphelin obéit : à bout de force, comme il était, il se chargea du fardeau et péniblement il prit la route de la montagne, ployant sous le poids. Le

vent était glacé, la terre couverte de neige ; il
était nu-pieds, à peine vêtu de quelques haillons
et si haletant qu'il fut bientôt couvert d'une
abondante sueur. En descendant, il prit froid et,
aussitôt arrivé, il se remit au travail sans rien
dire à personne. Peu de temps après, une enflure
qui se produisit au pied gauche, dégénéra en un
affreux abcès et la carie se déclara à l'os du tibia.

En voyant son neveu désormais incapable
de manier la grosse masse de fer qui pesait environ dix-huit livres, de travailler à la forge et de
supporter les rudes fatigues du métier, Dominique le mit sans pitié à entretenir le feu, ce qui lui
était extrêmement pénible. L'enflure et la plaie
du pied ne lui permettant pas de se tenir debout,
il tombait fréquemment sans connaissance, en
proie à d'horribles spasmes ; le manque de soin et
le mouvement continuel du pied autour du feu
firent promptement agrandir la plaie, l'enveni-
mèrent, et la vermine s'y déclara. Nunzio cacha
cette douloureuse circonstance et trouva ainsi un
nouveau moyen de pratiquer la mortification et la
patience.

Les mauvais traitements de son oncle empi-
raient encore de si grandes douleurs, car, loin de
s'apitoyer sur le malheur de son neveu, il le frappait et marchait à plaisir sur le pied malade.

De leur côté, les ouvriers de la forge, à l'exemple du patron, le bafouaient en sa présence
comme en son absence, l'injuriaient, le frap-

paient et se donnaient souvent la cruelle satis-
faction de faire jaillir sur ses pieds nus des
étincelles de fer rouge.

Quelques années plus tard, les personnes qui
le soignaient à l'hôpital des Incurables, lui
demandaient la cause des cicatrices qu'il avait
aux jambes, et Nunzio la racontait avec une innocente simplicité. Ainsi formé à l'école du divin
Maître qui se laissa flageller, couronner d'épines,
crucifier sans ouvrir la bouche, Nunzio supportait tout, avec une paix inaltérable et une grande
joie, sans se plaindre jamais à personne.

A leur tour, les gamins de la rue, le voyant
clopin-clopant, appuyé sur son bâton ou sur la
béquille qu'il s'était lui-même fabriquée, le
poursuivaient, riaient, le bafouaient, l'insultaient
de toutes les façons, l'appelaient écloppé, béquil-
lard, petit bossu, lui jetaient des pierres. Et notre
bon jeune homme supportait tout en paix et en
silence, sans remarquer ceux qui le houspillaient
et le maltraitaient, et sans faire attention aux
injures et aux railleries, car son cœur était
préparé et disposé à tout souffrir pour Dieu, à
souffrir toujours, à tout supporter de la part de
tous avec une parfaite résignation et une patience
à toute épreuve.

CHAPITRE IV

La plaie de Nunzio s'était approfondie et remplie de vermine ; la corruption rongeait l'os de la
jambe ; mais il supportait les spasmes les plus
atroces avec une héroïque résignation, invoquant
la sainte Vierge et les saints. Une dame, qui
habitait la maison voisine, l'entendait souvent
s'écrier d'une voix qui perçait le cœur : *Sainte
Vierge, aidez-moi.* Néanmoins, son oncle ne s'inquiétait nullement de sa guérison : un jour que
Nunzio lui montrait sa plaie, il osa lui dire :
C'est peu de chose, on la guérira facilement
avec quelques chiffons et l'huile de la lampe.

De temps en temps, Nunzio se traînait sur sa
béquille jusqu'à une petite fontaine peu éloignée
de l'habitation de son oncle, où les femmes
venaient laver le linge et puiser de l'eau ; mais
elles l'injuriaient et le chassaient à cause du
dégoût que leur inspirait sa plaie. Alors, pour ne
pas les molester, il allait, à cent cinquante mètres

du village, à une autre fontaine solitaire, située au pied d'une roche de couleur roussâtre et appelée pour cela *source de la Roche-Rousse*. Il y nettoyait sa plaie, la rafraîchissait, lavait les petits linges avec lesquels il la soignait; il lui en fallait beaucoup et il devait lui-même les maintenir propres, car personne ne s'inquiétait de lui venir en aide. Dans cette solitude, il se trouvait plus à son aise et il pouvait s'adonner plus facilement à l'oraison, se recommander à la sainte Vierge, aux saints ses protecteurs, afin d'obtenir courage et patience à souffrir; il pouvait ainsi s'abandonner aux pensées de Dieu et à la réconfortante méditation des vérités éternelles. Aussi la solitude de la Roche-Rousse était pour Nunzio un véritable paradis. Les anges en leur langue surhumaine pourraient seuls nous dire les ineffables consolations qui inondèrent l'âme de ce saint enfant, les longues et douces extases par lesquelles le Seigneur voulut le favoriser et le récompenser ici-bas de ses longues souffrances, supportées avec une résignation héroïque.

Cependant, à mesure que les forces diminuaient, les syncopes devenaient plus fréquentes et plus terribles, les spasmes de la carie plus douloureux, et l'oncle de Nunzio comprenait enfin que le mal de son neveu n'était pas aussi peu de chose qu'il avait voulu le supposer. Il le fit donc visiter par un docteur de l'endroit et résolut de l'envoyer à l'hôpital d'Aquilée, sous prétexte qu'il y serait traité gratuitement et *guérirait bientôt*, mais en réalité dans l'espoir de le perdre absolument de vue et de n'en prendre plus aucun souci. C'était le 24 ou le 25 avril 1831.

Il n'existe aucun détail sur les vertus que Nunzio pratiqua dans cet hospice où il ne resta que quelques jours, car d'habiles médecins ayant déclaré le mal incurable, on le confia à un voiturier qui le conduisit à Casauria, un jour de foire où il trouva des habitants de Pesco Sansonesco. Il s'en retourna en leur compagnie, monté sur un âne. Durant ce long et pénible voyage qui aggrava encore son infirmité, Nunzio demeura recueilli et silencieux, indice certain que son âme était toujours absorbée en Dieu.

En le voyant revenir à l'improviste et en apprenant que son mal était incurable, l'oncle de Nunzio se répandit en injures contre ce malheureux enfant, et recommença à l'accabler de mauvais traitements : les injures devinrent plus graves, les coups plus rudes, les jeûnes plus rigoureux, plus prolongés et d'autant plus fréquents qu'au rapport d'un témoin oculaire, le pauvre orphelin, se traînant sur sa béquille, était obligé de tendre la main et de mendier son pain, en disant à ceux qui lui faisaient l'aumône : « *Je ne puis pas vous le rendre, mais Dieu vous le rendra certainement* ».

Les habitants de Pesco Sansonesco, profondément indignés de la conduite du maréchal ferrant, envoyèrent le parrain de Nunzio avertir son oncle paternel, François Sulprizio, caporal au 1ᵉʳ régiment des grenadiers de la garde royale à Naples.

Le chevalier Félix Wochinger, colonel de ce régiment, informé des événements, fut touché de compassion, se chargea de tout et il fut décidé que Nunzio viendrait à Naples. Et Nunzio, dont la volonté était de faire la volonté de Dieu, se résigna de bon cœur, malgré l'épuisement de ses forces, aux fatigues d'un long voyage.

Au milieu de juin 1832, il prit affectueusement congé de son oncle Dominique et se rendit d'abord chez sa tante paternelle à Papoli, pays natal de son père. Cette bonne femme compatit à sa situation, l'encouragea à souffrir chrétiennement et lui donna des vivres pour le voyage. Une voiture louée d'avance pour Naples n'arriva pas à l'heure dite ; ce fut une merveilleuse attention de la Providence ; elle était découverte et durant le trajet, Nunzio aurait eu à souffrir des rayons du soleil, excessivement chaud dans la saison. Tout à coup on vit venir de loin une voiture couverte, très confortable ; le cocher, qui allait à Naples, se chargea volontiers du jeune infirme. Nunzio se trouva très bien dans cette voiture et, après un petit arrêt à Capoue, on continua le voyage sur Naples.

CHAPITRE V

LE COLONEL WOCHINGER.

Nunzio avait quinze ans et deux mois ; ses vêtements en lambeaux excitaient le rire ; mais, loin de s'en plaindre, il faisait bonne grâce à ceux qui se moquaient de lui.

Il fut d'abord reçu au quartier général, où se trouvait son oncle le caporal, et ensuite chez Mlle Françoise Wochinger, où l'attendait le colonel. Le caporal Sulprizio présenta son neveu à cet officier distingué, et lui raconta ses malheurs ; en voyant Nunzio amaigri, couvert de haillons, appuyé sur sa béquille, les yeux baissés, le colonel écoutait en silence, ne pouvant retenir ses larmes ; jamais il n'avait contemplé une aussi grande misère, ni entendu d'aussi étranges choses ; jamais il n'avait vu jeune homme plus doux et plus intéressant ; plus il le regardait, plus il en était charmé, car la grâce de Dieu resplendissait sur son visage. Il l'assura de sa protection, l'encouragea par de saintes et chaudes paroles, lui donna une pièce de monnaie et l'envoya provisoirement chez Mlle de la Roche. Nunzio n'ayant pu y demeurer que deux jours, à cause de la gravité de son mal, le colonel lui procura une place à l'*hôpital de Sainte-Marie du peuple*, dit des Incurables, et l'y présenta lui-même, le 20 juin 1832, veille de la Fête-Dieu.

Il le recommanda avec la plus vive sollicitude aux serviteurs de l'hôpital, aux prêtres, aux Frères de l'œuvre, aux médecins et au directeur de la salle où il fut placé. Il exhorta Nunzio à supporter ses souffrances avec patience et résignation, car c'était la volonté de Dieu : Jésus l'aurait pour agréable et lui en tiendrait grand compte ; il lui promit, en outre, de venir souvent le voir et de ne le laisser manquer de rien. Ces marques d'affectueux dévouement firent la plus profonde impression sur Nunzio, car, depuis la mort de ses parents, il n'était plus habitué à aucune espèce d'affection.

Il promit à son bienfaiteur de ne jamais l'oublier et de prier pour lui et pour sa famille.

Le chevalier Félix Wochinger, colonel de la garde royale à Château-Neuf (1), fut un modèle achevé de vertus chrétiennes et civiques ; sa mémoire est demeurée en vénération. Il suffisait de le voir pour concevoir de lui l'idée la plus sublime et la plus avantageuse ; c'était l'homme de la piété et du désintéressement par excellence. Assidu à fréquenter les sacrements, de préférence dans sa chère église du Jésus à Château-Neuf, il

---

(1) Château-Neuf, en italien Castel-Nuovo, quartier de Naples dans lequel se trouvait le Palais Royal.

donnait l'exemple de la mortification, de l'oraison et de la lecture spirituelle. Sa grande piété envers la sainte Vierge lui inspirait un zèle ardent pour inculquer et accroître sa dévotion dans les cœurs de tous ceux qui l'approchaient ; chaque soir il rassemblait ses serviteurs pour réciter le Rosaire ; d'un grand respect pour les prêtres, il se découvrait en les apercevant, se levait en leur présence, leur baisait les mains, recherchait leur compagnie pour s'édifier et les recevait chez lui à toute heure avec la plus grande aménité. Il vécut dans une grande intimité avec Gaétan Errico, de Secondigliano, fondateur de la Congrégation des Très Saints Cœurs de Jésus et de Marie (1).

Il ne refusait jamais l'aumône à ceux qui la lui demandaient, et il avait recommandé au factionnaire de garde à sa porte de ne jamais renvoyer aucun nécessiteux sans l'avoir secouru ; à l'église du Jésus, il faisait d'abondantes aumônes aux enfants pauvres ; il avait secrètement confié à un de ses vieux serviteurs une longue liste de pauvres auxquels il distribuait, chaque mois, sa solde tout entière, qui était considérable ; il donnait abondamment aux monastères et aux refuges pauvres (2).

(1) On instruit actuellement la cause de la béatification de ce serviteur de Dieu.

(2) *Refuges*, établissements charitables et religieux nombreux en Italie avant la Révolution Maçonnique qui en a volé un grand nombre ; toutefois les procédés des Italiens sont moins perfides que la prétendue loi d'accroissement.

Il épargnait volontiers les châtiments à ses subordonnés coupables et repentants ; obligé de punir, il le faisait à contre-cœur, unissant toujours la clémence à la sévérité Il avait grande compassion des malades et des prisonniers, et prenait un soin tout particulier de faire remettre ou adoucir a peine de ces derniers. Il visitait fréquemment l'hôpital des Incurables ; les jours de fête, il y allait en grand uniforme de colonel, sans respect humain. Il servait les malades avec autant d'attention que s'il eût servi Jésus-Christ lui-même, qu'il l'eût vu de ses yeux, touché de ses mains. Le 5 octobre 1862, le colonel Wochinger, mûr pour le ciel, mourut à l'âge de 93 ans, après avoir été, toute sa vie, un modèle de fidélité à son Dieu et à son roi.

Les larmes de tous les honnêtes gens firent l'éloge de ce grand chrétien. Il fut pour Nunzio un père dévoué. Aussitôt que l'orphelin lui eut été présenté, il lut dans ses traits l'ingénuité de son esprit, la pureté de son cœur ; de son côté, en voyant le colonel, Nunzio connut son bon cœur. Il ne l'appelait jamais que *mon Papa*, et il ressentait un bonheur indicible de le voir auprès de lui ; alors il le serrait dans ses bras, lui baisait les mains, l'écoutait avec une extrême avidité, lui obéissait aveuglément ; chaque jour il priait Dieu pour lui, lors même qu'il était en compagnie, car il lui avait promis de le faire toujours jusqu'à la mort, et après, lorsqu'il serait en paradis.

Et, en effet, durant sa dernière maladie, Nunzio, voyant le colonel profondément attristé de sa mort prochaine, lui dit : *Mon père, réjouissez-vous, oui, réjouissez-vous ; au ciel je me souviendrai toujours de vous ; de là-haut je vous garderai et je vous assisterai mieux.*

Lorsqu'il était à toute extrémité, ne pouvant plus ni se mouvoir ni parler, il ne cessait de lui faire signe de la tête et des yeux pour lui témoigner sa reconnaissance et lui rappeler sa promesse. Ah ! certes, nous sommes largement récompensés lorsque nos obligés prient pour nous au ciel. Or, qui sait ce qu'aura fait Nunzio, ce qu'il aura dit, en voyant pour la première fois l'âme de son dévoué bienfaiteur, suivie de ses bonnes œuvres, se reposer de ses travaux dans l'éternité et recevoir en récompense Dieu lui-même ? Oh ! alors, il a dû réellement se trouver au comble des vœux qu'il adressait à Dieu en faveur de son cher bienfaiteur.

CHAPITRE VI

LA PREMIÈRE COMMUNION.

En même temps que l'aïeule de Nunzio lui avait appris ses prières et l'avait initié à la piété, elle avait soigneusement cultivé en lui le don de la foi. Il connaissait les vérités que la religion nous enseigne, les devoirs qu'elle nous prescrit et les moyens de les accomplir de manière à les rendre méritoires pour le ciel. Aussi ne cessait-il de remercier Dieu de ce qu'il était né dans la véritable Eglise; dès sa plus tendre enfance il avait assisté aux catéchismes de sa paroisse, et il avait fait ses délices d'instruire les ignorants et les enfants de son âge ; chaque jour il visitait le Saint-Sacrement, récitait les actes du chrétien et priait avec ferveur pour le triomphe de la foi catholique. Lorsqu'il entendait des entretiens sur la religion ou sur la piété, il écoutait avec la plus respectueuse attention. « La foi du serviteur de Dieu, dit un témoin, était tout à fait extraordinaire. Je lui demandais un jour pourquoi il paraissait si pénétré en entendant parler de la religion : c'est que, me répondit-il, je

crois entendre parler du paradis, et c'est mon
bonheur ». « Lorsque le serviteur de Dieu, dit
un autre témoin, parlait de notre sainte religion et de ses vérités, c'était avec une onction et
une conviction telles que ses paroles m'émotion-
naient profondément ; lorsqu'il me racontait les
supplices des martyrs, il fixait les yeux au ciel
et les abaissait en signe de contemplation, entre-
coupant ses paroles d'affectueux soupirs, indice
certain pour moi qu'il n'aurait pas hésité à
donner sa vie, comme les martyrs, pour confesser la foi de Jésus-Christ. Il protestait hautement
qu'il avait en si grande estime un seul article de
foi, que pour le défendre il aurait été heureux de
répandre son sang goutte à goutte, dans les plus
affreux tourments. « *Je préférerais*, disait-il, *mourir plutôt que de douter d'un seul article de foi* » ;
ou bien : « *si je tombais entre les mains des héré-
tiques pour la défense de ma foi, je voudrais
donner toute ma vie, me sacrifier tout moi-même.* »

Aussi, en voyant l'admirable vertu et la candeur d'âme de son protégé et en apercevant que
Nunzio avait été très bien instruit de notre sainte
religion par son aïeule, le colonel fut étonné de
ce qu'il n'avait pas encore fait sa première communion ; il en demanda le motif au curé de
Pesco Sansonesco, et il apprit ainsi que c'était
l'usage du pays de ne pas y admettre les garçons
avant l'âge de quatorze ans révolus.

De son côté, quelques jours après son entrée

à l'hôpital, Nunzio se confessa à Dom Vincent Solerno et lui manifesta l'ardent désir qu'il avait, depuis longtemps, de s'approcher du banquet eucharistique. Le sage confesseur ne pouvait refuser ce bonheur à la pureté angélique, à l'ardeur séraphique de son pénitent; il lui permit donc de communier pour la première fois, non sans l'avoir vivement exhorté à s'y préparer avec toute la ferveur et toute la dévotion possible, en pensant qu'il allait recevoir Dieu lui-même dans son cœur.

La préparation de notre adolescent fut, en effet, digne de sa grande foi ; les flammes qui consumaient son cœur resplendissaient sur son visage, tout embrasé du saint amour de Dieu; il versait de douces et abondantes larmes , proférait de suaves et ardentes oraisons jaculatoires ; chaque instant qui retardait son union avec le Bien-Aimé de son cœur lui paraissait un siècle. Qui sait si Nunzio put reposer tranquille et fermer les yeux la nuit qui précéda ce banquet mystique?

Au témoignage du prêtre qui lui donna la sainte hostie et de plusieurs assistants, il était tout ému et tout pénétré de ce grand acte; sa modestie, son maintien, tout son extérieur lui donnaient l'aspect d'un ange sur la terre, d'un séraphin incarné.

A dater de ce jour, la grâce céleste commença réellement son œuvre extraordinaire en Nunzio Sulprizio, car on le vit non plus marcher, mais voler de vertu en vertu ; ses yeux, son visage, sa langue, toute sa personne ne semblaient respirer que l'amour envers Jésus-Christ.

Nunzio avait quinze ans et deux mois révolus (1).

(1) Il était entré à l'hôpital des Incurables le 20 juin 1832; il en sortit le 11 avril 1834, deux jours avant sa dix-septième année accomplie.

CHAPITRE VII

Nunzio ne sortait du lit ou ne s'en éloignait que pour rendre service aux autres malades, pour visiter le Saint Sacrement, pour allumer ou raviver les lampes entretenues dans la salle devant le Crucifix ou la Madone. Sous son traversin il conservait pieusement des images de la sainte Vierge, de plusieurs saints et de petits livres de piété, et il portait au cou une bourse renfermant des scapulaires et d'autres objets de dévotion; il avait toujours son chapelet à la main ou bien roulé autour du bras; il avait un petit vase d'eau bénite avec laquelle il se signait souvent et dont il aspergeait sa personne et son lit. Il faisait le signe de la croix au commencement de ses actions même les plus indifférentes; il prononçait fréquemment les noms de Jésus et de Marie en inclinant la tête, et il adressait de fréquentes oraisons jaculatoires à Jésus, à Marie; alors son visage, habituellement pâle et miné par la souffrance, prenait une expression vraiment céleste.

Malgré ses continuelles souffrances, jamais il

n'omettait ses prières quotidiennes : méditation, préparation à la communion, action de grâces, rosaire et autres exercices de piété. Pendant la sainte Messe, on le voyait immobile, en extase, devenir peu à peu si pâle qu'il ressemblait à un mort ; d'autres fois, il était absorbé dans la méditation de la Passion de Notre-Seigneur.

Lorsqu'il ne pouvait se traîner sur sa béquille jusqu'à la chapelle, pour la visite au Saint Sacrement, il la faisait de son lit. Il se confessait deux fois la semaine et communiait tous les dimanches et les jours de fête ; il eût désiré le faire plus souvent, mais il se conformait de bon cœur au règlement de l'hôpital ; il suppléait à ce désir par la communion spirituelle ; la veille de la confession et de la communion, il redoublait de ferveur et multipliait ses oraisons et ses mortifications. Lorsqu'il était au lit, il apprenait le catéchisme aux ignorants ou bien il allait, malgré ses douleurs, auprès des autres infirmes, leur faire part des bonbons et des friandises qu'il recevait et leur apprendre le *Pater*, l'*Ave*, le *Credo*, les actes du chrétien, les exhorter à la patience, à la fuite du péché, à la dévotion envers la sainte Vierge, et les préparer à recevoir les sacrements, à célébrer les fêtes et, le cas échéant, les réconcilies entre eux.

Lorsqu'il méditait les vérités éternelles, l'application de son esprit était si intense et si prolongée que les autres infirmes lui recommandaient de se distraire pour ne pas se fatiguer ; il leur souriait gracieusement : c'était toute sa réponse. Les infirmes eux-mêmes l'en accusaient souvent au colonel, aux infirmiers, aux médecins ; ceux-ci, non contents de le gourmander et de le gronder, diminuaient parfois sa nourriture ordinaire, et alors Nunzio se réjouissait de souffrir pour Dieu.

Il obéissait ponctuellement aux ordres des médecins et des chirurgiens, si pénibles qu'ils fussent ; lorsqu'on pansait sa plaie, il était docile, calme, silencieux, offrant à Dieu ses cruelles douleurs, ou se répandant en aspirations fréquentes et embrasées en l'honneur de la sainte volonté de Dieu, de la passion de Jésus-Christ, des douleurs de Marie, des éternels repos de la bienheureuse patrie ; jamais il ne demandait aux médecins l'état de sa maladie, ni de soulagement à ses souffrances ; au contraire, s'ils lui proposaient une nourriture plus délicate, il leur disait humblement : *Faites comme vous voudrez*, et à peine avait-il goûté de cette nourriture qu'il la distribuait aux autres infirmes. A ceux qui le plaignaient ou lui faisaient espérer sa guérison, il répondait : *Il arrivera ce qui plaira à Dieu, que sa sainte volonté soit toujours faite !* Si on lui demandait comment il allait : *Comme Dieu veut*, répondait-il ; *j'ai confiance en sa miséricorde, tout est bien pour mes péchés.* Si les médecins lui demandaient comment il allait : *Bien*, répondait-il, *car tout ce que Dieu fait est toujours bon.* Jamais il ne demandait rien pour lui en particulier, car ce que lui accordait l'hospice suffisait largement, et il donnait le superflu aux autres malades. Il recevait les aumônes de ses bienfaiteurs en leur baisant les mains et en les remerciant du fond du cœur. S'il demandait quelque service aux serviteurs de l'hôpital, c'était avec une profonde humilité : *Mon frère, faites-moi cette charité, prenez patience*, et s'il disposait de quelque monnaie, il la leur donnait en témoignage de sa gratitude ; il leur donnait aussi leur part de la nourriture, des friandises et de tout ce que lui envoyaient ses bienfaiteurs.

Il était très réservé dans ses relations et ne voulait pas se lier avec les séculiers, afin de ne pas entendre parler du monde ; s'il y était obligé, il ramenait ingénument à Dieu les conversations inutiles et indifférentes, ou bien il disait subitement : cela ne nous regarde pas, changeons de sujet ; par contre, il était heureux de s'entretenir avec les prêtres, les religieux, les personnes pieuses, de Dieu, des vertus des saints, du paradis et de tout ce qui profitait à son âme ; s'il voyait des prêtres traverser la salle, il les appelait pour les retenir auprès de lui ; il se recommandait aux prières de tous et supportait avec un calme indicible les vexations, les mauvais traitements des infirmiers et des gens de service, se disant leur obligé de ce qu'ils exerçaient sa patience.

CHAPITRE VIII

Un pieux laïque avait fondé à l'hôpital une
école pour les jeunes infirmes. Nunzio y assistait
lorsqu'il pouvait ; non seulement il se distinguait par sa modestie, son attention, ses grands
progrès, mais il donnait à ses petits camarades
d'éclatants exemples d'une vertu peu ordinaire,
et lorsque le maître était retenu auprès des malades, il le suppléait. Alors Nunzio exhortait les
autres enfants à fuir le péché, à fréquenter les
sacrements, à acquérir les biens éternels, en
termes si persuasifs qu'ils en étaient émerveillés.
Si quelques-uns d'entre eux se permettaient des
paroles déplacées ou des actions peu correctes,
Nunzio les en reprenait : *Comment*, s'écriait-
il, *vous ne croyez pas? Fuyez le péché, aimez
Dieu.* Pendant la nuit, ses voisins, stupéfaits de
l'entendre toujours soupirer ou faire des actes
d'amour de Dieu, disaient : « Ce jeune homme
ne dort jamais ». Presque toutes les nuits, au plus
fort de l'hiver, à une heure avancée, lorsqu'il
jugeait que tous les malades dormaient, il se levait

doucement, s'étendait sous le lit et priait ainsi durant des heures entières, très souvent jusqu'au jour. Un infirmier lui ayant demandé pourquoi il faisait une pénitence si longue et si douloureuse, il répondit humblement : *Voyez, mon frère, je pense à mon âme et je fais oraison. Je prie le Seigneur de pardonner mes péchés et ceux de mon prochain.*

Aux observations de son confesseur, Nunzio répondait ingénument : *Mon Père, prenez patience, je n'ai pu me retenir , ce n'est pas volontaire, mais une force irrésistible m'a obligé à prolonger mon oraison plus longtemps que de coutume.* C'est ce qui arrivait à saint Louis de Gonzague ; son père spirituel lui ayant défendu de prolonger aussi longtemps son oraison, ce qui était nuisible à sa santé, Louis commençait par obéir ; mais la force de l'amour triomphait de la force de l'obéissance ; la voix de Dieu subjuguait la voix de l'homme, et Louis, savourant les délices de l'amour, était couronné du mérite de la vertu ; il était passif beaucoup plus qu'actif.

Aux changements de temps, ses douleurs redoublaient ; il s'écriait alors d'une voix langoureuse : *Ma mère, ma mère compatissante, aidez-moi, obtenez-moi de faire la sainte volonté de Dieu.* A peine les douleurs avaient-elles cessé qu'il reprenait sa sérénité première et s'écriait : *Bénis soient Dieu et la très sainte Vierge Marie !* — Un jour, les médecins lui avaient ordonné une potion cal-

mante à prendre en plusieurs fois ; par suite de
l'incurie des gens de service, il la prit d'un seul
trait, ce qui lui causa la diplopie (double vue).
Tous en furent contristés et les médecins le plai-
gnirent beaucoup ; lui seul se réjouit d'avoir
l'occasion d'offrir un nouveau sacrifice à Jésus-
Christ. Comme son confesseur s'attristait vivement de le voir souffrir, Nunzio dissimulait ses
douleurs et souriait afin de le distraire.

Sa récréation préférée était d'aller à l'entrepôt
des cadavres, de considérer longuement ces corps
déformés par la mort, en méditant sur la cadu-
cité des choses terrestres et sur la véritable fin
de l'homme. A ceux qui lui représentaient le
danger qu'il courait en s'occupant des infirmes
atteints de maladies contagieuses : *je le fais*,
disait-il, *pour l'amour de Dieu*. Si on l'engageait
à ne pas donner ce qu'il avait aux autres malades, parce qu'il était pauvre, il répondait modestement : *la Providence pense à moi* ; si les malades
en danger refusaient de se confesser, prières, sol-
licitations, larmes, il mettait tout en œuvre et ne
les quittait qu'après la venue du prêtre ; il ramena
ainsi bon nombre de pécheurs à la pratique des
sacrements et, qui plus est, à un repentir sincère
et à une admirable ferveur. L'un d'eux ignorait
absolument les premiers éléments de la religion.
Nunzio l'instruisit, le fit confesser et communier, à la stupéfaction générale. Si les infirmes
murmuraient, ce qui n'était pas rare, ou s'ils

tenaient des propos inconvenants, blasphématoires, il les reprenait, sans respect humain, avec douceur et charité ; un jour, il reprit sévèrement un infirme qui parlait mal d'un prêtre.

Il empêchait, avec une admirable sollicitude, les infirmes de s'impatienter, de se répandre en paroles contre Dieu, contre la sainte Vierge, et il était fréquemment au chevet des plus éprouvés, les réconfortant au souvenir de la Passion du Sauveur, de la brièveté de la vie, des jouissances éternelles du ciel. *Mon frère*, disait-il un jour à un malade, *souffrez avec résignation en vous soumettant à la volonté de Dieu ; pensez à tout ce que Jésus-Christ a souffert pour nous; nous attendons la vie éternelle en vertu de ses mérites ; pour peu que nous souffrions ici, nous jouirons éternellement au paradis.* Il éprouvait un grand chagrin de voir les infirmes mal soignés; un jour il n'hésita point à reprendre publiquement un infirmier qui molestait un malade et l'injuriait grossièrement. Mais, pour lui, c'était bien différent ; il souffrait tout en paix, en silence, et rendait le bien pour le mal : un infirmier ayant pris à tâche de le brutaliser, il l'aimait davantage, le comblait d'amabilité et lui donnait plus largement.

Il voulait prendre part à toutes les communions générales, ne s'approchant jamais de la table sainte sans s'être confessé, et toutes les fois qu'il le pouvait, il priait un ecclésiastique de l'aider à se préparer. Au moment où il recevait la sainte Hostie, il semblait en extase, et à peine l'avait-il reçue qu'il se recueillait et s'abandonnait entiè- rement à son ardent amour envers son Bien-Aimé Jésus.

CHAPITRE IX

DONS EXTRAORDINAIRES.

Lorsque Nunzio priait, qu'il fût assis sur son lit ou agenouillé à la chapelle, on le voyait souvent immobile, les mains jointes sur la poitrine, le visage embrasé, les yeux fixés au ciel ; d'autres fois, durant l'oraison, il faisait des signes de tête, remuait les lèvres, proférait à demi-voix des paroles inintelligibles, poussait de pénibles soupirs, de profonds gémissements. Il parlait de Dieu et des choses du ciel ; son visage, que les grandes et continuelles souffrances avaient pâli, s'empourprait, et, s'élevant peu à peu au-dessus des sens, il demeurait immobile et insensible, sans voir, sans entendre, sans parler, les yeux ouverts et fixés sur son interlocuteur.

Un jour, au confessionnal, il fut ravi en Dieu : le confesseur vit alors la face du pénitent irradiée d'une lumière céleste, il l'entendit soupirer et s'écrier affectueusement : *Mon Dieu ! mon Dieu !* Pour que Nunzio reprît ses sens et terminât sa confession, il fallut le secouer fortement à plusieurs reprises.

En se confessant, saint Louis de Gonzague tombait en défaillance et pleurait de douleur, tandis que Nunzio reprenait courage et pleurait d'amour. Louis s'évanouissait aux pieds du prêtre, Nunzio s'élevait à Dieu. Pour rappeler Louis à ses sens, il fallait le relever de terre, pour rendre Nunzio à la terre il fallait le rappeler du ciel.

Vers la fin de 1832, Rosaire Gianfale, de Palerme, aide-chirugien aux Incurables, devait concourir pour le titre de chirurgien à cet hôpital ; le jour de l'examen, il alla de grand matin faire sa visite accoutumée. En passant devant le lit du Vénérable, il lui dit en toute hâte : *Nunzio, vous n'avez rien à me dire ? — Docteur*, lui répondit-il, *pourquoi êtes-vous si pressé ? — Je dois*, dit le chirurgien, *arriver à l'heure pour le concours*. Nunzio, le regardant en face, répliqua : *Il vaudrait mieux pour vous ne pas y aller*. Le chirurgien ne comprit pas la réponse du malade. Il alla concourir sans succès. A son retour, Nunzio, apprenant son échec, le fixa en joignant les mains et lui dit : *Docteur, à la volonté de Dieu*.

Nicolas La Rose du Messine, atteint d'une plaie intérieure à la gorge, était entré à l'hôpital quelque temps après Nunzio et occupait le lit voisin du sien. Les premiers jours, il avait quelque honte de se trouver dans un hospice public, au milieu de tant de malades, et se couvrait la tête du drap de lit. Un beau jour, il entendit dans le voisinage une voix qui lui disait doucement : Mon frère, mon frère, *qu'avez-vous?* Il se découvrit le visage et vit, dans le lit de Nunzio, un bel enfant qui le rassura et lui dit : *Mon frère, pourquoi avez-vous honte? Ici nous sommes tous égaux devant Dieu.* Puis il le mit au courant des usages de l'hôpital et le prépara à la confession et à la communion qu'il fit avec grand bonheur. Cette voix, ces paroles n'étaient pas d'un homme, mais d'un ange.

A partir de ce moment, Nunzio pansa lui-même la plaie de Nicolas, qui souffrait de grandes et continuelles douleurs, et les médecins avaient déclaré que la guérison serait très difficile. Or, un jour, Nunzio, ravi en Dieu, toucha le malade à la gorge et lui dit : *Ce n'est rien, mon frère, ce n'est rien. Vous êtes guéri.* Quelques jours après, le malade, radicalement guéri, sortait de l'hôpital, au grand étonnement des médecins et de toutes ses connaissances.

CHAPITRE X

Durant les vingt et un mois qu'il passa à l'hôpital des Incurables, Nunzio alla deux fois aux bains de Casamicciola, dans l'île d'Ischia (1); la première, il y demeura vingt jours, la seconde vingt-quatre.

Dès son arrivée avec les autres infirmes de l'hôpital, ses vertus resplendirent aux yeux de tous ceux qui l'approchaient. Son maintien, sa modestie, son édifiante piété, son profond recueillement révélèrent aussitôt une âme innocente, vertueuse, privilégiée de Dieu. La haute idée que l'on avait conçue de son héroïque vertu fut pleinement justifiée lorsqu'on le vit souffrir d'aussi grandes douleurs avec le plus grand calme, la plus parfaite sérénité sans jamais se plaindre ni s'impatienter. Tandis que les autres malades se plaignaient, se lamentaient, maugréaient, proféraient des imprécations et des blasphèmes, lui

____

(1) Les habitants d'Ischia ont souvent à souffrir des éruptions du Vésuve.

seul, comme s'il n'eût rien souffert, était toujours calme, résigné, supportant son cruel martyre, les yeux fixés au ciel, soumis à la volonté de Dieu, louant son saint nom et bénissant sa paternelle Providence, qui daignait le faire souffrir un peu pour son amour et pour son propre avantage.

D'après un témoin oculaire, les spasmes causés par la carie étaient si violents que le patient, ne pouvant plus les supporter, tombait dans une complète défaillance ; la respiration lui manquait, son visage prenait un teint cadavéreux ; mais aussitôt que les spasmes diminuaient, il reprenait sa beauté et sa sérénité ordinaires.

Les malades assistaient matin et soir, sous la direction d'un prêtre, aux exercices de piété : à la messe, à la visite au Très Saint Sacrement, au Rosaire et à d'autres prières. Nunzio arrivait toujours le premier à l'église, où sa piété et sa modestie lui attiraient tous les regards et l'admiration générale. Un jour, en le voyant, le directeur fut si édifié, qu'il lui assigna une place à part et le fit asseoir sur son prie-Dieu. A Casamicciola, Nunzio se tenait éloigné des autres jeunes gens, et ne prenait point part à leurs amusements Il était continuellement à l'église ou retiré dans sa chambrette, absorbé en Dieu ou récitant le chapelet. Lorsque le temps était mauvais, ses douleurs redoublaient ; alors il gardait le lit, offrant à Dieu de nouveaux holocaustes sur l'autel de son brûlant et immaculé cœur.

Cependant le Seigneur, qui avait d'autres vues sur ce saint jeune homme, l'exposa à de plus cruelles épreuves ; loin de le soulager, ses deux saisons d'eau empirèrent considérablement son mal et rendirent ses douleurs plus aiguës. Il fut saisi d'une violente fièvre ; c'était vraiment pitié de le voir brûlant dans son lit comme dans une fournaise ardente. Malgré cela, il obéit toujours aux médecins qui l'envoyaient aux eaux et ne leur dit jamais rien du surcroît de souffrances qu'il en ressentit.

Le 1er août 1833, Nunzio revint de Casamicciola à l'hôpital des Incurables, réellement beaucoup plus fatigué qu'à son départ ; la carie avait déjà rongé l'os de la jambe et lorsqu'on le pansait, des esquilles s'en échappaient ; les syncopes étaient si prolongées que plusieurs fois on le crut mort ; l'art n'avait plus de ressources pour soulager d'aussi grands maux. Nunzio, souffrant avec Jésus. était crucifié sur son lit, n'ayant plus que la peau et les os. Il inspirait la plus profonde pitié et arrachait des larmes aux plus indifférents. Mais en même temps il enseignait combien la croix est un don précieux du Seigneur aux âmes qu'il affectionne le plus, et comment quelques minutes sur la croix méritent les délices éternelles du paradis.

CHAPITRE XI

Les médecins ayant déclaré la guérison difficile,
le colonel Wochinger prit Nunzio chez lui pour
deux raisons : d'abord il espérait que le change-
ment d'air et des remèdes prompts et énergiques
administrés au jeune homme, sous ses yeux,
diminueraient les spasmes, s'ils ne triomphaient
pas du mal ; en second lieu, il voulait avoir continuellement sous les yeux ce modèle de vertu.
« Je résolus, dit-il, de recevoir Nunzio chez moi
à Château-Neuf, afin d'avoir sous les yeux l'exemple de sa vertu, que j'avais spécialement remar-
quée toutes les fois que je le visitais à l'hôpital.
Le 11 avril 1834, notre Vénérable passa donc de
l'hôpital chez le colonel : il avait alors dix-sept
ans. »

En entrant chez son bienfaiteur, Nunzio lui
remit quatre ducats qu'il avait conservés, soit pour
faire des aumônes, soit pour entretenir des cierges,
des lampes, des fleurs sur de petits autels qu'il
avait fait placer devant le crucifix et la statue de
la Madone, dans la salle où il était à l'hôpital. Il

protesta énergiquement que si. jusque-là, pauvre,
malade, orphelin, il s'était montré reconnaissant
envers son bienfaiteur, s'il lui avait obéi, l'avait
aimé, respecté, ce devoir serait désormais bien
plus strict pour lui, car il se considérait comme
son fils. Il ne se contenterait donc pas de l'appeler du nom plus doux et plus affectueux de père,
mais il le respecterait davantage et lui obéirait
mieux.

Durant le premier mois, l'état de Nunzio s'amé-
liora quelque peu ; ses douleurs diminuèrent. Il
avait quitté sa béquille et marchait à l'aide d'un
bâton ; il espérait qu'une nouvelle saison à Ischia
le guérirait parfaitement, selon la promesse des
médecins. Il exprima cette espérance dans la lettre
suivante adressée à son oncle Dominique :

Naples, le 10 mai 1874.

Mon vénéré Oncle,

Il y a presque deux ans que je suis ici pour me
guérir. Actuellement, je suis chez M. Félix
Wochinger, colonel de la garde royale ; je suis
bien soigné et, Dieu merci, je marche sans
béquille. J'espère que la prochaine saison aux
bains d'Ischia me guérira parfaitement. Dans
mes indignes prières, je ne cesse de vous recommander à Dieu, afin que vous soyez en parfaite

santé, ainsi que ma tante et mes cousines que je révère de cœur.

Nous sommes dans la neuvaine préparatoire à la fête du Saint-Esprit, j'espère qu'il nous accordera la plénitude de tous les dons célestes ; dans ce but, je ferai la sainte communion, uni à tous les membres de la famille et à tous les fidèles de la paroisse. J'espère avoir le bonheur de recevoir de vos chères nouvelles. Si vous avez le temps, venez me voir, vous ferez plaisir au colonel. Sa maison est à Château-Neuf, en face de la poste.

Je vous baise respectueusement les mains et suis pour toujours votre très affectionné neveu.

Nunzio Sulprizio Luciani.

A l'ouverture de la saison des bains, Nunzio se rendit, en effet, à Ischia pour la troisième fois. Ce fut aux frais du colonel, qui ne voulait le laisser manquer de rien. Il le fit accompagner d'un soldat et recevoir, en payant, dans la famille Barbieri, dont la maison était voisine des bains. Le colonel recommanda lui-même son cher protégé, dans une lettre pleine de la plus vive sollicitude : ce n'était pas le premier jeune homme venu, mais un ange de candeur et de pureté ; il fallait le considérer comme une perle d'un grand prix, veiller sur lui et bien le traiter.

La pieuse famille Barbieri, heureuse d'accueillir cet angélique adolescent, vit et toucha, comme du doigt, la sublimité et l'héroïsme d'une sainteté mûrie en quelques années. Le Vénérable lui donna l'exemple de vertus peu communes, même chez les chrétiens pieux, favorisés d'une éducation supérieure. Ceux qui le visitaient dans sa petite chambre le trouvaient toujours modestement et pieusement uni à Dieu.

Il fit preuve d'une grande piété envers l'angélique saint Louis de Gonzague, dont il lisait et racontait souvent la vie. Dans la famille se trouvait un prêtre, M. Philippe Barbieri ; Nunzio le recherchait avec empressement et le priait de venir lui parler des choses de Dieu. A tous ses visiteurs il inculquait des sentiments si solides de piété, qu'ils étaient émerveillés de voir un aussi grand bon sens et une aussi grande piété dans un tout jeune homme. Il mangeait très peu et donnait chaque jour une partie de sa nourriture aux pauvres, et en particulier à un petit enfant pauvre du voisinage. A l'observation qu'il ne mangeait pas assez pour soutenir ses forces, il répondait, les larmes aux yeux : *Que m'importe ! Ce petit pauvre de Jésus-Christ doit aussi manger.*

Malgré le bien-être matériel dont il était entouré dans cette maison, sa vertu fut éprouvée au creuset de la tribulation et sa patience resplendit merveilleusement, car ses douleurs, bien que diminuées, ne cessaient point de l'assaillir de temps en temps, et, comme il ne pouvait marcher, il lui fallait subir les brutalités et les mauvais trai-

tements des hommes qui le portaient aux bains ;
loin de s'en plaindre, il prenait leur parti et les
excusait, lorsqu'on leur faisait des observations.
Le serviteur que le colonel lui avait donné, exerça
aussi beaucoup sa patience, jamais il ne s'en
plaignit.

Après avoir donné les plus belles preuves de
son admirable vertu et répandu autour de lui les
suaves parfums de ses œuvres saintes, Nunzio
remercia cordialement la bienveillante famille
Barbieri, demanda pardon des importunités cau-
sées par son mal et reprit la route de Naples, où
le colonel l'attendait avec impatience.

En revoyant chez lui son cher Nunzio un peu
mieux, le colonel fut au comble du bonheur : de
son côté, le Vénérable ressentit une grande consolation de revoir son bienfaiteur et père : il le
remercia de tout ce qu'il venait de faire pour lui,
et promit de ne jamais l'oublier.

Nous l'avons dit, le petit Nunzio avait déjà
manifesté, dans son pays, sa grande inclination
à l'état ecclésiastique ; peu de temps après son
retour des bains, il montra de nouveau son
ardent désir de sortir du monde et d'entrer dans
le cloître. Jour et nuit il gémissait, soupirait,
priait le Seigneur de satisfaire ce désir. Il en fit
part à son confesseur, au colonel, à tous ceux
auxquels il donnait sa confiance, principalement
aux prêtres et aux religieux. *Je nourris*, disait-il
avec enthousiasme, *un grand désir de sortir du*

monde, de me retirer dans un cloître, de me renfermer dans une cellule pour me donner tout à Dieu et assurer le salut de mon âme.

Le colonel, qui partageait absolument ses vues, lui fit enseigner les premiers éléments de la langue latine. Le Vénérable s'y appliqua autant que le lui permettait son mal ; ses maîtres louaient son humble docilité, son admirable attention, ses solides et rapides progrès ; sa vie était une application constante à la piété, uniquement interrompue par l'étude. Une de ses pratiques consistait à viser à la fin surnaturelle de la gloire de Dieu, de sa propre sanctification et de celle du prochain.

Entre tous les ordres religieux qui se distinguaient alors à Naples, Nunzio semblait incliner vers celui des Alcantarins, qui est très austère. Sa préférence tenait non seulement à la conduite édifiante de ces religieux et à leurs pieux entretiens chez le colonel, mais aussi à ce qu'il s'était proposé d'imiter saint Pierre d'Alcantara, leur fondateur, dont il lisait assidûment la vie.

De là son empressement à rechercher les Alcantarins et à leur manifester ingénument son ardent désir d'embrasser leur institut et d'y revêtir l'habit séraphique. *Oh ! s'il plaisait à Dieu,* s'écriait-il souvent, *s'il plaisait à Dieu de me donner la santé, je me ferais religieux alcantarin, pour imiter la vie de saint Pierre d'Alcantara, sa vertu, sa pénitence, et pour mieux assurer mon salut éternel.*

Un jour, qu'il s'entretenait avec le Frère Philippe des actions vertueuses de saint Pierre d'Alcantara, son visage s'embrasa, et, poussant un profond soupir : *Frère Philippe*, s'écria-t-il, *si je recouvre la santé, j'ai déjà résolu de prendre votre habit pour mieux servir le Seigneur et lui plaire davantage ;* puis il ajouta, humblement résigné : *S'il plaît au Seigneur*; *car je veux absolument me soumettre à sa sainte volonté.*

De leur côté, les Alcantarins auraient voulu planter, sans retard, dans leur jardin mystique, ce lis éclatant et odoriférant, car, pleins d'admiration pour la sainteté héroïque et consommée du jeune homme, ils enviaient saintement son sort et disaient au colonel : « Ce jeune homme n'est pas ordinaire, c'est un saint. » Aussi demandaient-ils au Seigneur, par de ferventes prières, de rendre la santé à Nunzio et de satisfaire ainsi leurs plus ardents désirs à tous.

CHAPITRE XII

La recrudescence de son mal fit bientôt comprendre au Vénérable que le Seigneur ne le voulait pas religieux alcantarin et qu'il devait renoncer à entrer dans un Ordre aussi sévère. Et cette fois, comme toujours, Nunzio voulut ce que voulait Dieu. Il bénit avec joie et sérénité son auguste nom et se tranquillisa, mais sans renoncer à l'espoir d'embrasser un autre Ordre religieux moins austère et plus en rapport avec son état de santé.

Un jour, le colonel le conduisit, en voiture, à Secondigliano, bourg voisin de Naples, visiter le serviteur de Dieu, Gaëtan Errico. Aussitôt arrivé, Nunzio lui parla spiritualité, lui découvrit fidèlement tout son intérieur et lui manifesta ses désirs. L'homme de Dieu fut ravi de voir tant d'innocence et de vertu et comprit que Dieu avait favorisé cette âme de ses dons les plus précieux. Il approuva son dessein, l'encouragea et l'exhorta à recommander continuellement cette grave affaire au Seigneur. Il lui promit même de le recevoir dans la Congrégation des *Sacrés Cœurs* qu'il était en voie de fonder (1). Voici à ce sujet la déposition faite longtemps plus tard par Rosalie Errico, sœur du Vénérable Gaëtan, dont on instruit (1896) le procès de béatification : « Il y a de nombreuses années, lorsque mon frère projetait de fonder la Congrégation des *Sacrés-Cœurs*, il reçut la visite du colonel Wochinger et d'un jeune homme, âgé d'environ seize ans, qui marchait avec une béquille. Mon frère demeura avec eux une bonne demi-heure et, après leur départ, il me dit que ce jeune infirme n'avait pu être reçu dans aucun monastère, et qu'il le recevrait dans la congrégation qu'il allait fonder, car *c'était un saint, un grand saint*, et, en le disant, il rayonnait de joie. »

Mais le Seigneur, qui n'avait pas permis que Nunzio prît l'habit des Alcantarins, ne voulut pas davantage qu'il revêtit celui de la nouvelle Congrégation ; car il ne voulait pas que Nunzio fût religieux, mais jeune séculier. Et, pour rendre sa volonté plus évidente, il permit qu'il fût subitement accablé des plus graves tribulations, et le ravit à la terre peu d'années avant la fondation de la Congrégation des *Sacrés-Cœurs*.

Enfin le Vénérable, persuadé que Dieu voulait qu'il le servît dans l'état séculier et qu'il eût

____

(1) L'approbation de cette Congrégation a été écrite de la main de Pie IX lui-même, le 15 septembre 1846.

soin de perfectionner sa sainteté au milieu du monde, inclina humblement la tête devant son adorable volonté et fit de Château-Neuf son cloître et de sa propre chambre sa cellule. Là, sous la direction de son confesseur, et par ses conversations avec de pieux et fervents chrétiens, il acquit rapidement le patrimoine de la vie claustrale, c'est-à-dire les vertus spéciales à cette vie, et s'éleva ainsi aux degrés les plus sublimes de l'union à Dieu.

Pour satisfaire autant que possible l'ardent désir du pieux jeune homme, le colonel lui assigna une petite chambre solitaire et lui donna un vêtement de couleur sombre comme celui des Carmes, mais en lui conservant la forme des habits séculiers. Un Père du Grand Carmel vint le bénir à la maison, et Nunzio le revêtit avec une grande dévotion, pour ne plus le quitter, même après sa mort.

Ainsi retiré, notre Vénérable goûtait en quelque sorte les délices du paradis ; jamais il ne sortait sans y être obligé. Voici à ce sujet la déposition du colonel : « Dans ma maison, il aimait la solitude et le recueillement ; à toutes mes visites, je le trouvais dans sa petite chambre, où il me disait avec une admirable allégresse : *Mon père, quel bonheur pour moi d'être seul et recueilli en moi-même !* Mon père, je suis *content de me trouver dans cette chambre solitaire !* Mon père, *que je me trouve bien dans cette chambre retirée !* » Dès lors, Nunzio s'assujettit à un genre de vie plus régulier et plus austère, dans l'intention d'y persévérer jusqu'à son dernier moment. Il distribua les heures de la journée de façon à ne rien laisser à l'oisiveté et à les employer toutes à son avancement spirituel, à la pratique de la vertu, à l'accomplissement exact de ses devoirs et à la charité envers le prochain. Au commencement du jour, il dirigeait ses intentions, offrait à Dieu toutes ses actions, pensées et paroles, protestant vouloir tout faire uniquement pour sa gloire et son honneur. Il avait fixé le temps de l'oraison mentale, de l'étude, de la lecture spirituelle, du Rosaire et des autres exercices de piété. Lorsqu'il pouvait sortir, il faisait la visite au Saint Sacrement, à l'église ; dans le cas contraire, il la faisait de son lit ou de sa chambre.

Il instruisait les enfants et les ignorants qui lui étaient recommandés ; il s'exerçait à la mortification des sens, aux pénitences corporelles, autant que le permettait son mal ; ses conversations courtes et édifiantes devenaient intarissables lorsqu'il parlait de Dieu et des choses de l'âme. Il avait habituellement le visage embrasé et les yeux fixés au ciel où étaient ses pensées et son cœur. Il était toujours appliqué à produire des actes d'amour de Dieu, de brûlantes oraisons jaculatoires, non seulement le jour, mais la nuit ; non seulement dans le calme, mais au plus fort de ses douleurs, comme l'ont attesté le colonel Wochinger et ses serviteurs.

CHAPITRE XIII

NOUVELLES ÉPREUVES.

Les vertus de Nunzio, qui s'étaient merveilleusement épanouies dans la paix et le silence de sa solitude, devaient encore briller d'un plus vif éclat sur la fin de cette vie innocente et tourmentée.

Le colonel avait confié le soin de son protégé à ses serviteurs ; souvent ils l'injuriaient, le maltraitaient et poussaient la cruauté jusqu'à le battre, sans égard pour ses infirmités ; ils réduisaient sa modique nourriture journalière ou la vendaient pour s'en approprier le prix. Durant les fortes chaleurs, Nunzio, en proie à des fièvres brûlantes et à l'abondante suppuration de la carie, souffrait étrangement de la soif ; eh bien ! ils lui refusaient une gorgée d'eau froide, et le pauvre patient était contraint de se traîner et d'aller lui-même tirer de l'eau du puits. Bien souvent ils l'abandonnaient seul dans la maison fermée à clé ; si on frappait à la porte, il devait sortir du lit, aller ouvrir clopin clopant et recevoir les messages pour le colonel. Néanmoins, Nunzio ne montra jamais de l'humeur par suite des méchancetés et des rudesses dont

il était l'objet ; il ne s'en émut et ne s'en plaignit
jamais ; au contraire, si on le plaignait, si on menaçait d'avertir le colonel, Nunzio excusait les serviteurs et recommandait le silence. Et il était
toujours gai, respectueux, aimable ; de grand cœur
il faisait du bien aux coupables, leur donnait tantôt une partie de sa nourriture, tantôt quelques
pièces de monnaie ou d'autres présents. Si un
pauvre se présentait à la porte et qu'il fût seul
dans sa chambre, au lieu d'appeler les serviteurs,
il faisait lui-même l'aumône. Lorsque ses douleurs
le saisissaient la nuit, il ne se plaignait pas, ne bou-
geait pas du lit, afin de ne pas éveiller celui qui
le gardait. Un jour, le colonel fut très irrité de ce
qu'un serviteur avait maltraité Nunzio et l'avait
privé de nourriture ; le Vénérable demanda grâce
pour le coupable et réussit à apaiser l'indignation
du colonel. Un autre jour, le traban (1) qui accompagnait Nunzio dans une promenade, l'injuria
grossièrement et le maltraita sans motif. En ren-
trant, le Vénérable le raconta au barbier du colonel,
mais il le supplia de n'en rien dire ; le barbier
comprit et l'engagea à souffrir pour l'amour de
Dieu. Ce conseil ôta toute inquiétude à Nunzio
qui reprit sa tranquillité d'esprit. — Une autre
fois, Nunzio pleurait à chaudes larmes, le barbier
lui en demanda la cause ; comme il ne répondait

(1) En Italie, on appelle traban le soldat affecté au service personnel d'un chef.

pas,il le menaça d'avertir le colonel ; alors Nunzio lui dit modestement que le traban Antoine lui avait dit des paroles déshonnêtes. « Je lui demandai, dit le barbier, s'il y avait donné lieu, et, sur sa réponse négative, j'allai sur-le-champ réprimander sévèrement le coupable, le menaçant de prévenir le colonel s'il recommençait. Il garda le silence et rougit. » Nunzio ne pleurait pas l'injure qu'il avait reçue, mais l'offense faite à Dieu.

Le colonel, qui avait toute confiance au traban Antoine, l'avait chargé de servir Nunzio jour et nuit ; il l'accablait de taquineries, de mauvais traitements ; le Vénérable ne s'en plaignit jamais et le cacha toujours avec soin ; au contraire, il se montrait satisfait d'Antoine, lui rendant service préférablement aux autres, lui enseignant le catéchisme, la lecture, l'écriture, Dieu sait avec quelle charité, quelle patience, car Antoine était borné et bègue. Telle fut la conduite de Nunzio envers ce serviteur dont il importe de citer le témoignage. « Nunzio me recommanda plusieurs fois à M. le colonel ; il fit augmenter ma solde à deux reprises, la première de cinq à six ducats, la seconde, de six à sept et demi (1). Il me faisait toujours des gracieusetés et partageait avec moi toutes les meilleures choses qu'il recevait. Et il me disait qu'il priait pour moi, me promettant de continuer après sa mort. »

(1) Le ducat du royaume de Naples vaut 5 francs de notre monnaie.

Mais le coup le plus sensible fut porté au cœur
du saint jeune homme par un membre de sa propre famille. Son oncle François, le caporal, qui
avait mis tant de sollicitude pour le délivrer des
sévices de son oncle maternel, Dominique Luciani;
qui l'avait présenté au colonel, en louant sa conduite et ses mœurs angéliques, fit cause commune
avec les mécréants pour maltraiter, injurier, ca-
lomnier son innocent neveu. Il poussa la cruauté
jusqu'à le menacer de l'accuser au colonel, de le
faire immédiatement chasser de Château-Neuf,
jeter à la rue pour y mendier son pain. Et tout
cela par sotte et basse jalousie. Or, que faisait,
que répondait notre Job, si patient ? Le colonel nous l'apprend dans une déposition arrosée
de ses larmes : « Lorsque son oncle François le
menaçait, en termes sauvages, de le faire chasser
de chez moi, il répondait en toute humilité et
respect : *Il arrivera ce qui plaira au bon Dieu* ».

CHAPITRE XIV

François Rajan, de Mian, près de Naples, venait souvent chez le colonel ; il y conduisait quelquefois son petit garçon Nicolas, agé de quatre ans. Nunzio lui apprenait le catéchisme et lui donnait de temps à autre quelques petites friandises pour l'encourager, ce qu'il ne faisait point pour les enfants des officiers ou d'autres familles distinguées qu'on lui amenait aussi pour les catéchiser. Un jour Nunzio, posant la main sur la tête de Nicolas, dit à son père : *François, ce petit garçon se fera prêtre. — C'est impossible,* répliqua le père, *les moyens manquent.* Nunzio reprit : *Je vous dis que Nicolas se fera prêtre.* L'année suivante, durant une soirée d'hiver, François tenait son petit sur ses genoux et causait avec un autre prêtre de Mian, dom Janvier Rossi, qui lui dit subitement : *François, va chez le notaire et apporte du papier, car je veux faire mon testament, laisser tout mon bien à Nicolas et lui constituer un patrimoine ecclésiastique, afin qu'il puisse devenir prêtre.* François lui ayant objecté qu'il avait des neveux à qui donner, il répondit : *Je ne veux pas que mon patri-moine soit démembré, je veux le donner tout entier à Nicolas.*

La volonté du prêtre Rossi fut exécutée ; à ce sujet, voici la déposition de François Rajan : « Sans avoir subi ni influence, ni conseil déplacé, Nicolas a toujours désiré, dès son enfance, embrasser l'état ecclésiastique. En voyant sa vêture retardée, il ne cessait de s'en plaindre à moi et au curé du Mian, qui me décida enfin à lui donner l'habit. Il le revêtit, en effet, quatre ou cinq ans avant de faire partie du clergé royal, et durant tout ce temps il a rempli exactement ses devoirs, venant tous les jours de Mian à l'école des PP. Jésuites de Naples. » A l'époque où François Rajan fit cette déposition, Nicolas donnait de solides preuves de sa vocation au sacerdoce. Actuellement il est confesseur à Mian (1896).

Le même François Rajan, se trouvant sans position et privé des moyens de soutenir sa famille, priait souvent le Vénérable de le recommander au colonel pour un emploi de garde forestier surnuméraire. Tout en le lui promettant, Nunzio l'exhortait à la patience et à la confiance en Dieu. Un jour, il lui dit subitement : *François, ne craignez rien, vous obtiendrez au delà de ce que vous pourriez imaginer.* Tout se vérifia à la lettre. François, nommé garde surnuméraire, fut promu titulaire l'année suivante, de préférence à vingt-sept autres gardes plus anciens dans le service ;

plus tard, il passa brigadier, sans avoir fait aucune démarche, tandis qu'un autre garde plus ancien était puissamment recommandé pour cette place. Voici la déposition de François lui-même relative à ces faits : « Nunzio m'avait promis mes avancements, j'ai toujours cru que c'était là une véritable prophétie et que je les dois à son intercession auprès de Dieu, car, dans tous mes besoins, je n'ai eu recours qu'à lui seul, avec une entière et ferme espérance, et mes désirs se sont toujours réalisés, contrairement à ce que je méritais. »

Le traban Antoine, dont il a été plusieurs fois question, imagina de quitter le service du colonel et le quitta, en effet, après s'être attiré une réprimande. Avant d'exécuter son projet, il en informa Nunzio, qui l'engagea à supporter patiemment une correction méritée et ajouta : *Antoine, demeurez et ne parlez pas de sortir de chez M. le colonel, car je m'en irai le premier et vous ensuite.* Nunzio mourut, et, quelque temps après, Antoine fut renvoyé pour d'autres fautes (1). « Je fus obligé, dit le colonel dans sa déposition,

---

(1) Antoine a déposé au procès ordinaire de la curie napolitaine : « Je suis entré au service de M. le colonel Félix Wochinger, à Château-Neuf, vers 1834, et j'y suis demeuré cinq ans et quelques mois; pendant cet intervalle, j'ai été plus de deux ans à la disposition du serviteur de Dieu, Nunzio Sulprizio, que j'ai trouvé à mon arrivée dans la maison, et après sa mort je suis encore demeuré environ deux ans et quelques mois avec le colonel.

de le renvoyer de mon service à cause de son incapacité, et non point pour faire vérifier les paroles du serviteur de Dieu, car Nunzio était si ingénu qu'on ne pouvait absolument pas le soup-- çonner d'avoir imaginé ce qu'il avait prédit ».

Antoine a, de plus, attesté sous la foi du serment que Nunzio avait dit : *Après ma mort, un grand fléau du Seigneur viendra sur Naples*. En effet, après sa mort, le *choléra* fit des milliers de victimes dans cette ville (1836).

Au témoignage d'Ignace Couvin, Nunzio prédit sa propre mort avec les plus minutieuses circonstances de temps, il en indiqua même l'heure, ajoutant qu'il mourrait en présence de prêtres.

Enfin, voici une déposition de Jeanne Ros : « Je sais par Gabrielle Violante, maintenant défunte, que le Vénérable lui avait dit que le colonel Wochinger ne mourrait pas avant d'avoir vu les miséricordes du Seigneur sur lui-même, pauvre pécheur. » Il en fut ainsi. Le colonel ne fut pas seulement spectateur des nombreux et grands prodiges opérés par Dieu à l'intercession de son serviteur ; mais il eut encore la grande consolation de le voir déclaré Vénérable par Pie IX, le 9 juillet 1859.

CHAPITRE XV

Au jugement des différents prêtres qui confessèrent Nunzio pendant qu'il était chez le colonel, du colonel lui-même et de tous ceux qui eurent avec notre Vénérable des relations familières, toutes personnes dignes de foi, il était habituellement en présence de Dieu, uni à Lui d'esprit et de cœur, et rempli de l'esprit du Seigneur. De nombreux témoignages le prouvent, et presque tous dans les mêmes termes ; nous citerons seulement celui du colonel. « Je l'ai vu en prière, il était, pour ainsi dire, soulevé de terre ; lorsqu'il était en oraison, il avait toujours les mains croisées sur la poitrine, et son angélique visage resplendissait admirablement d'une clarté paradisiaque. Ce délicieux spectacle me charmait, et je faisais en sorte de toujours le surprendre en oraison. » En parlant des vertus et des dons surnaturels du Vénérable, le Frère alcantarin, Philippe du Saint-Sacrement, disait : « J'allais souvent le visiter chez le colonel et je me rappelle l'avoir vu en extase ».

Souvent, lorsqu'il parlait de Dieu ou qu'il en entendait parler, il était tellement ravi, qu'il ne faisait plus aucun mouvement, ne répondait pas, ne voyait pas ceux qui étaient à côté de lui ou qui passaient devant lui ; pour le tirer de cet état, il fallait le heurter ou l'avertir. D'autres fois, en parlant spiritualité, il s'arrêtait subitement et se mettait à répéter à voix basse : *O mon Dieu ! ô mon Dieu !* Ecoutons Gaëtan Scotto, son premier maître de latin : « Un jour, je m'entretenais de la bonté du Seigneur avec le serviteur de Dieu, il fut comme absorbé, et perdit la parole. Je lui en demandai la raison. Que voulez-vous ? me répondit-il avec un sourire angélique : *Je suis accablé par le plaisir des choses dont vous me parlez et je les estime comme choses du ciel.* »

Lorsqu'il pouvait sortir du lit, on le trouvait souvent devant quelque image, la tête découverte, les yeux fixés sur elle, immobile comme une statue. Lorsqu'il entendait la messe, il était souvent ravi en extase au moment de l'élévation de la sainte Hostie. S'il ne pouvait pas sortir du lit, il assistait spirituellement au saint sacrifice et, pendant une demi-heure environ, il prenait l'aspect et les formes d'un cadavre, sans voir, sans entendre, sans parler, tant il pénétrait avant dans la douloureuse méditation des cruelles souffrances et de la mort du Rédempteur. Au contraire, lorsqu'il devait communier, son visage s'animait, s'embellissait : ce n'était plus lui, mais un petit ange du paradis. Souvent, après avoir reçu la sainte Hostie, il ressentait de si grandes suavités spirituelles qu'il tombait sur le marche-pied de l'autel ; il fallait alors le relever et le remettre à sa place. Après son action de grâces, qu'il prolongeait souvent jusqu'au moment où l'on fermait l'église (1), et durant laquelle il était fréquemment privé de l'usage de ses sens, il était tourmenté d'une soif si ardente, que l'eau ne pouvait l'apaiser.

Ecoutons maintenant son ami intime, le Frère alcantarin , Philippe du Saint-Sacrement : « Afin de m'assurer, toujours de plus en plus, des vertus du serviteur de Dieu, Nunzio Sulprizio, j'avais l'habitude de lui demander comment il se rendait à l'église, car je connaissais son impuissance physique, occasionnée par la carie de la jambe et par d'autres infirmités ; il me répondait avec allégresse : *M. le colonel me fait accompagner par son ordonnance.* J'ajoutais : A l'église, que faites-vous ? Et avec un sourire indiquant qu'il ne voulait pas se glorifier, il ajoutait qu'il se retirait dans un coin de l'église et renvoyait le serviteur pour demeurer seul, en attendant le confesseur. Sa confession faite, il s'approchait de la sainte table après s'y être préparé avec le plus

____

(1) En Italie, grand nombre d'églises sont fermées vers le milieu de la journée.

grand soin. Par de nouvelles instances, je l'obligeais alors à me dire ce qu'il faisait après la communion ; c'était pour m'assurer de sa ferveur. Et le serviteur de Dieu me répondait humblement que lorsqu'il commençait son action de grâces, il était en proie à une espèce de convulsions intérieures. C'était son expression ; mais je pensais que c'était une véritable extase, car il ajoutait que ces convulsions produisaient en lui des complaisances et des consolations d'esprit telles qu'il était incapable de les expliquer.... Et en me le racontant il souriait affectueusement. »

Enfin, il faut ajouter que la chambre de Nunzio était très petite et qu'il était lui-même atteint de plaies cancéreuses ; cependant on y respirait un parfum céleste , et les visiteurs voulaient demeurer longtemps, afin d'en jouir ; en sortant ils se demandaient avec étonnement les uns aux autres : Avez vous senti ce parfum du paradis ?

CHAPITRE XVI

UN TABLEAU DE JÉSUS ENFANT.

la paroi de l'étroite chambre faisant face au petit lit où gisait le Vénérable serviteur de Dieu, était suspendu un magnifique et pieux tableau : c'était un petit Enfant-Jésus, représenté dans un champ de lumière, couronné de splendides petits nuages, assis sur un coteau verdoyant couvert de lis et de roses fleuris ; ses grands yeux bleus semblaient suivre affectueusement, dans toutes les parties de la chambre, ceux qui le regardaient ; le doux sourire de ses lèvres et le teint vermeil de ses joues les attiraient et les ravissaient d'admiration ; sur son vêtement blanc se déployait un léger manteau azuré, gracieusement enroulé autour du bras droit, qui était replié sur la poitrine, tandis que l'index montrait le cœur brûlant au milieu des flammes ; l'autre bras était étendu, la main affectueusement ouverte, comme pour recevoir en hommage le cœur des visiteurs. Ce tableau sur verre, œuvre de Palermo, mesurait deux palmes de haut et une et demie de large ; il était dans un modeste cadre doré (1).

La première fois que Nunzio considéra ce cher tableau, il en fut ravi d'amour. Jésus lui dit : « Là où se trouve votre trésor votre cœur sera aussi (2). Cet enfant était le trésor de Nunzio ; il lui avait donné son cœur, car il ne passait aucun jour sans lui témoigner son affection et sans trouver moyen d'ajouter de nouvelles ardeurs aux anciennes qui le consumaient. Il le regardait toujours sans jamais en être rassasié ; devant ce tableau, la pâleur de son visage cessait, il s'animait, il s'embellissait merveilleusement. Il lui adressait, en soupirant, de fréquentes aspirations : *Mon Jésus, je vous aime ! mon Jésus, je vous bénis ! mon Jésus, je vous adore !* Lorsqu'il parlait de son petit Enfant, c'était en un langage vraiment céleste, il ressemblait alors à un séraphin. Lorsqu'il priait devant ce tableau, surtout les jours qui précèdent et suivent la fête de Noël, la peinture paraissait s'animer, les paupières remuer, la bouche s'ouvrir et dire de la voix la plus suave : Mon fils, donne-moi ton cœur (3). Aussi, en le voyant, on

(1) D'après une ancienne tradition conservée dans la famille Wochinger, cet enfant, prié avec beaucoup de ferveur dans une terrible et dangereuse tempête sur mer, l'aurait apaisée en étendant la main gauche, qui serait demeurée ainsi étendue afin de perpétuer ce prodige.

(2) Ubi thesaurus vester est, ibi et cor vestrum erit (Luc, xii-34).

(3) Praebe, fili mi, cor tuum (Prov. xxiii-26).

était touché, émerveillé, convaincu que cet
Enfant lui répondait, lui parlait, badinait avec lui.
Les habitués de la maison l'ont assuré par serment; ils disaient, en outre, qu'en présence de
Nunzio, le visage du petit Enfant s'embellissait ;
son cœur prenait une couleur de sang. Et, en effet,
de temps en temps Nunzio voyait son visage
prendre un air triste, changer de couleur, devenir
tantôt pâle, tantôt embrasé; le sang couler en
abondance de ses narines et de sa bouche. A cette
vue le serviteur de Dieu, profondément attristé,
appelait le colonel et, lui montrant ce visage couronné et ensanglanté : *Père, mon père*, s'écriait-
il tout en sanglots, *voyez comme les pécheurs crucifient Jésus.* D'autres fois : *Mon père, je vois
Jésus flagellé, couronné d'épines, ruisselant de
sang. Oh! comme la gent pécheresse le maltraite !*
« Souvent, pour mieux éprouver, dit le colonel,
la fervente et affectueuse piété du bon jeune
homme envers son Jésus, je prenais un air sé-
rieux, lui reprochant que tout ce qu'il voyait dans
ce tableau venait de son imagination. Et toujours
il me répondait : *Non, mon père, j'ai réellement
vu Jésus d'une pâleur effrayante à cause du chagrin qu'il ressent des crimes de la nation pécheresse.*
Et, avec une simplicité enfantine, il me montrait
les lèvres et les narines de l'Enfant Jésus ruisselant de sang, le coloris extraordinaire de sa face
divine et celui de son cœur qui, dans les autres
circonstances, conservait sa couleur naturelle. J'ai

été témoin oculaire de tous ces événements (1). »

En disant que par ses crimes la nation dévoyée maltraitait de nouveau son bien-aimé et cher Enfant Jésus, le pieux et innocent jeune homme reproduisait exactement les paroles de saint Paul aux Hébreux : « Par leurs crimes les pécheurs crucifient de nouveau le Fils de Dieu en eux-mêmes (2). »

---

(1) Ce tableau est conservé au couvent de Sainte-Marie de la Bonne Mort, à Guiliano, en Campanie. Le colonel Wochinger, bienfaiteur insigne de ce couvent, le lui a donné avec le lit et les autres meubles de la chambre du Vénérable. Les bonnes religieuses ont ces objets en grande vénération et elles racontent les merveilles, les grâces, les miracles, qu'ils ont attirés non seulement sur leur maison, mais aussi sur la bonne population de Guiliano.

(2) *Rursum crucifigentes sibimetipsis Filium Dei* (xi-16).

CHAPITRE XVII

Vers le milieu de 1835, la carie prit une intensité extraordinaire , occasionnant à Nunzio des douleurs et des défaillances mortelles. Le colonel en fut profondément affecté, et, comme l'année précédente son jeune protégé avait éprouvé quelque soulagement aux bains d'Ischia, il ne voulut pas négliger ce remède ; il prit donc conseil des médecins et fit aussitôt partir son cher enfant, qui demeura environ deux mois dans la famille Barbieri. Cependant le mal s'était déclaré dans toute son intensité, et ces eaux salutaires furent un véritable poison pour le malade; la carie, continuant ses ravages, produisait des spasmes si affreux que les syncopes se prolongeaient des journées entières. Un jour, le colonel envoya un exprès à Casamicciola prendre des nouvelles du malade et voir s'il n'avait besoin de rien. Après deux jours d'attente, l'exprès revint sans avoir pu lui dire un mot ; les spasmes l'avaient réduit à l'agonie. Malgré ces grandes douleurs, le jeune homme ne perdit jamais son calme ni la sérénité de son visage, et il ne se relâcha en rien de sa ferveur. *Mort en sa chair, il paraissait toujours de plus en plus rivifié en esprit.* L'abbé Philippe Barbieri atteste qu'au paroxysme de ses douleurs il disait tranquillement : *Mère de douleurs! bénies soient vos souffrances supportées pour les pécheurs. Paix !* Après quelques minutes d'un silence presque extatique, il reprenait : *Bénie soit la Passion de Jésus-Christ! Paix !* sans jamais laisser échapper une plainte. Il ravissait d'admiration toute la famille et tous ceux qui le voyaient ou l'entendaient.

La saison des bains touchait à son terme ; le médecin, voyant les progrès du mal, perdit tout espoir, et le patient revint à Naples accompagné d'un membre de la famille Barbieri : « Nous avons été ravis et édifiés, dit ce dernier au colonel, de la conduite de ce jeune homme, surtout de sa résignation à souffrir ; durant toute la saison, il n'a donné aucun signe d'impatience, il n'a laissé échapper aucune plainte ».

Tout en exhortant le Vénérable à la patience et à la confiance en Dieu, le colonel versa d'abondantes larmes, car il prévoyait sa fin prochaine ; la pâleur de son visage, la perte totale de ses forces, le redoublement des spasmes qui le clouaient sur son lit de douleur, ne laissaient plus le moindre espoir. Il voulut encore avoir chez lui une consultation des médecins les plus renommés, non plus pour guérir un mal reconnu incurable, mais uniquement pour aviser aux moyens de rendre moins douloureux les derniers jours d'une vie déjà si tourmentée.

La carie menaçait de dégénérer en gangrène et l'amputation de la jambe malade fut résolue. Tous furent saisis de crainte et d'épouvante; Nunzio seul sourit, car il avait une nouvelle occasion de témoigner son amour à celui qui s'est laissé tourmenter et crucifier comme un agneau sans ouvrir la bouche. A ceux qui l'encourageaient à subir cette cruelle opération, dans l'espoir d'une guérison assurée, il répondait sans s'émouvoir : *Les médecins feront ce qu'ils voudront.* Mais pour Nunzio, comme pour Abraham, le Seigneur se contenta du sacrifice de sa volonté. Un docteur expérimenté fut d'avis de préparer le patient par une diète au lait; l'hydropisie, qui s'était déclarée sur ces entrefaites, fit de rapides progrès et les remèdes les plus énergiques furent impuissants à la conjurer. Le Vénérable, affaibli par ses atroces souffrances enfla graduellement et monstrueusement; les spasmes ne cessaient ni jour ni nuit; le pauvre infirme n'avait pas un moment de repos, la carie avait entièrement rongé l'os de la jambe, les plaies s'étaient ravivées, les fièvres, qui ne le quittaient jamais, et d'autres nombreuses infirmités, toutes excessivement aiguës, lui rendaient ce reste de vie mille fois plus pénible que la mort.

Cependant il souffrait tout avec résignation,

les yeux fixés sur le Crucifix, sur l'image de Jésus Enfant et de sa très sainte Mère, l'esprit et le cœur en paradis. Il s'entretenait avec son Dieu auquel il désirait ardemment s'unir, bénissant les augustes et vénérables noms de Jésus, Marie, Joseph, de saint Louis de Gonzague et d'autres saints. Il allait bientôt quitter la terre de l'exil pour la Patrie.

CHAPITRE XVIII

RÉPUTATION DE SAINTETÉ DU VÉNÉRABLE
DE SON VIVANT.

Les dons sublimes et les faveurs célestes que Dieu répandit si abondamment sur le Vénérable et les héroïques vertus qu'il pratiqua propagèrent cette réputation extraordinaire de sainteté qui le rendit célèbre même avant sa mort. Semblable à un lis du paradis, transplanté en terre, il a répandu sa bonne odeur et tous en ont ressenti le parfum céleste.

Dès son enfance, lorsqu'il habitait son pays, il jouissait de la réputation de saint, et, comme nous l'avons dit, les gens de la campagne, sachant qu'il prédisait exactement le bon et mauvais temps, venaient lui demander s'ils devaient ou non aller à leurs travaux. « A Pesco Sansonesco, dit le colonel, le serviteur de Dieu avait la réputation de saint, comme me l'ont assuré plusieurs de ses compatriotes, et en particulier M. Calore, curé de sa paroisse. » D'après un autre témoin, « dès ses premières années il édifia tout le pays ».

En outre, tous ceux qui l'ont connu à l'hôpital des Incurables, prêtres, médecins, infirmes, gens de service, personnes pieuses, tous l'appelaient unanimement *ange dans la chair, saint*, admirant beaucoup en lui la pratique de toutes les vertus, et en particulier sa parfaite conformité à la sainte volonté de Dieu ; son calme et sa joie à supporter les atroces douleurs de son mal et son ardente charité envers le prochain. Des témoins rapportent « qu'à l'hôpital Nunzio conserva toujours la conduite d'un saint », qu'il fut « un adolescent aimé de Dieu, d'une vertu éminente, d'une perfection achevée, de mœurs innocentes ». En ce lieu pie (1), Nunzio avait une si grande réputation de sainteté, qu'en le voyant approcher, les infirmes étaient pénétrés de profonds et vifs sentiments de piété et de respect, et se disaient en se le montrant : *Voici Nunzio, le petit saint.* L'illustre chanoine Boncœur, supérieur de l'œuvre des Incurables, ne l'appelait que le *petit ange*, en faisait les plus sublimes éloges, le proposant aux autres infirmes pour modèle de patience, de résignation et d'oraison. Quant à l'estime dont Nunzio était l'objet à l'hôpital, le même chanoine affirma

(1) Un lieu pie est un établissement fondé en vue du salut des âmes et où les soins prodigués au corps sont des moyens d'atteindre les âmes et de les préparer au bonheur éternel. Cette définition explique la rage des persécuteurs actuels de l'Église contre les lieux et les œuvres pies de Rome et d'ailleurs.

« qu'il jouissait d'une excellente réputation, que tous ceux qui le connaissaient et nommément les Frères, qui exerçaient les œuvres pies spirituelles et corporelles, le considéraient comme vrai serviteur de Dieu. Les Frères ici en question sont les uns confesseurs, d'autres membres du clergé inférieur, d'autres enfin d'excellents séculiers de toutes conditions. Tous me parlaient de Nunzio dans les mêmes termes ».

Lorsque Nunzio eut été accueilli chez le colonel à cause de sa réputation de sainteté, cette réputation s'accrut rapidement et se divulgua merveilleusement. Aussi, non seulement on l'appelait : *Jeune homme tout de Dieu*, *Ange dans la chair*, *Séraphin de pureté*, *Portrait du très patient Job*, *second saint Louis de Gonzague* ; mais encore il attirait à lui grand nombre de personnes et même des personnes distinguées et en vue. Toutes se retiraient extrêmement édifiées, émerveillées, disant au colonel : « Oh ! vraiment, que ce jeune homme est un grand saint !...... *C'est là un serviteur de Dieu* ». Puis elles bénissaient le Seigneur et le remerciaient d'avoir choisi un adolescent en bas âge, dans une humble condition, si cruellement tourmenté par des infirmités et des douleurs, pour le faire resplendir comme un astre de patience héroïque dans la nuit ténébreuse de notre malheureux siècle. Aux bains de Casamicciola, il fut également considéré comme saint, même par ceux qui, ne le connaissant pas, admi-, raient uniquement son recueillement, sa modestie et son maintien angélique qui le distinguaient des autres infirmes. Après l'entretien qu'il eut avec Nunzio, à Secondigliano, et que nous avons rappelé, le grand serviteur de Dieu, D. Gaëtan Errico, fondateur de la Congrégation des prêtres missionnaires, conçut une si grande estime et un si grand respect pour lui qu'il s'écria : « Un saint, plus qu'un saint ».

Enfin il est utile de rappeler ici différentes dépositions faites aux procès par des personnes intimes de Nunzio et dignes de foi. C'est d'abord le Frère Philippe du Saint-Sacrement, profès alcantarin. « J'ai certainement entendu dire par des personnes très religieuses et de toutes conditions que le serviteur de Dieu mena toujours une vie sainte et que cette réputation de sainteté ne fut jamais interrompue ; quant à moi, je puis assurer avoir constaté que cette réputation existe dans l'opinion de tous ceux qui l'ont connu durant sa vie. Depuis le commencement de mes relations avec lui, je me suis affermi dans la certitude de sa sainteté, et jamais je n'ai eu aucun motif de penser le contraire, car je n'ai découvert en lui aucun défaut et je ne sache pas que cette persuasion de la sainteté du Vénérable ait faibli chez qui que ce soit. » Un autre témoin ajoute : « Cette réputation de sainteté continua, augmenta même, lorsque le serviteur de Dieu fut reçu chez le colonel..... Prêtres, moines, séculiers et toutes les personnes qui fréquentaient la maison y croyaient ; j'entendais moi-même les éloges de la sainteté du serviteur de Dieu ; tous étaient inspirés par une sincère admiration. Il passa également pour un *petit ange* et un *petit saint* aux bains d'Ischia. Cette réputation continua toujours sans interruption et alla en augmentant jusqu'à sa mort. » Les procès ordinaires constatent aussi comment Monseigneur Paglia, archevêque de Salerne et ami du colonel Wochinger, attiré par la réputation de la sainteté de l'adolescent, avait l'habitude de le louer sans jamais cesser de célébrer ses vertus. Après avoir hautement loué la réputation de sainteté peu ordinaire de son pénitent, dom Ferdinand Gallo, confesseur de Nunzio, ajoute : « J'ai entendu dire au colonel Dusmet que la réputation de sainteté du serviteur de Dieu, Nunzio Sulprizio, n'avait jamais été prônée par des personnes communes, ignorantes, de mauvaise foi et dans des vues intéréssées, mais au contraire qu'elle avait toujours été propagée par des personnes honnêtes, intelligentes, craignant Dieu et en dehors de tout intérêt temporel.

CHAPITRE XIX

MORT DU VÉNÉRABLE.

Aussitôt que la fin prochaine de Nunzio eut été annoncée, tous ceux qui avaient admiré ses merveilleuses vertus à l'hôpital ou chez le colonel voulurent le voir une dernière fois, entendre sa voix, écouter sa parole, se recommander à ses prières. Quoiqu'il fût à bout de forces, que sa voix fût affaiblie, il se montrait néanmoins content et affable ; à chacun et à tous il adressait des paroles de ferveur, de patience, d'entière conformité à la sainte volonté de Dieu. A son bienfaiteur, qu'il voyait si affligé de se séparer de lui, il voulut laisser le dernier témoignage, l'extrême souvenir de sa reconnaissance et, l'ayant fait approcher, il lui donna une précieuse petite image de Notre-Dame des Grâces qu'il avait toujours tenue dans ses mains et à laquelle il avait prodigué ses baisers si affectueux. Ce qui touchait par-dessus tout, c'était son maintien édifiant. Et personne ne sortait de la petite chambre sans essuyer ses larmes ou s'écrier plein d'admiration : « *Quel saint ! Il est réelle-*

ment heureux ! » Les derniers temps de sa vie, il suffisait de lui parler du paradis pour voir immédiatement son visage changer de couleur, ses yeux briller, son esprit se raviver et pour entendre sa voix se fortifier. C'est ce qui arriva, en effet, à ce moment, car le clerc dom Gaëtan Scotto, lui parlant du bonheur des Saints au paradis, Nunzio, ravi en quelque sorte au-dessus des sens, l'interrompit brusquement par les paroles suivantes prononcées avec une douceur et une suavité inénarrables : *Et que pouvez-vous donc savoir du paradis ?* Dans sa déposition sous la foi du serment, cet ecclésiastique ajoute : « Ces paroles du serviteur de Dieu, je les interprétais en ce sens que bientôt il s'envolerait au paradis, pour y jouir de tout ce dont je lui parlais. » A ceux qui se recommandaient à lui, il répondait humblement : *N'en doutez pas, si le Seigneur daigne m'admettre au Paradis dont je ne me crois pas digne, je n'oublierai pas de prier pour tous.* Et il faisait la même promesse à son insigne bienfaiteur et père, le colonel, aux serviteurs de la maison et à ceux qui venaient le voir ; lorsqu'il ne pouvait plus parler, car sa voix était radicalement éteinte avant sa mort, il leur en donnait l'assurance par des signes de tête, par les mouvements des yeux, des lèvres et des mains. Voici encore un éclatant témoignage de la confiance qu'avait Nunzio d'aller en paradis, il est de son confesseur, Dom Mariano de Palma, qui l'a garanti par serment : « Comme le serviteur

de Dieu avait éprouvé longtemps des angoisses
d'esprit, je lui demandai, avant sa mort, si elles
continuaient à le molester. Et le bon Nunzio me
répondit joyeusement : *Je suis tranquille ; je ne
souffre plus rien.* Je répliquai : *En allant au
paradis, vous souviendrez-vous de moi?* et il me
répondit avec une allégresse surprenante : *Oui, je
vous recommanderai à Dieu.* Il était donc assuré
d'aller au paradis, et il le disait comme s'il se
fût agi de sortir du quartier où il demeurait.

Cependant, avec la maladie, qui prenait de jour
en jour plus d'acuité, les douleurs augmentaient
et les spasmes se multipliaient. Mais Nunzio, miracle de patience, spectacle aux anges et aux hommes, loin de se plaindre, de s'impatienter ou de
demander un allègement à ses maux, une consolation à ses peines, se tenait en Croix avec Jésus,
lui rendant humblement grâces de ce qu'il daignait
se l'assimiler de plus en plus par ses douleurs, et
s'offrant lui-même en holocauste sur l'autel de
son cœur brûlant et immaculé à cet Agneau sans
tache qui s'est immolé à son Père sur l'autel de
la Croix pour le salut des hommes. Et tels étaient
la résignation, le recueillement, la modestie de
Nunzio moribond, que le médecin Janvier Centola
qui le soignait s'écria, profondément ému, en
entrant lui faire sa dernière visite : *Oh ! mon saint
Louis !*

A l'aube du jour, le 5 mai, apparurent les signes
d'une mort imminente. Le jeune homme avait

la partie inférieur du corps couverte d'une sueur
froide, il était engourdi, tout tremblant, et le fris-
son de la mort avait pénétré tous ses membres
Il fit signe de la tête au colonel de s'approcher
et il lui dit avec beaucoup de peine : *Père, don-
nez-moi le crucifix et faites appeler mon confesseur.* « Je lui donnai le crucifix, dit le colonel,
et il l'embrassa avec une telle affection et un
tel amour que je ne puis l'exprimer..... Dans
cette situation, son visage me semblait être celui
d'un autre saint Louis de Gonzague. » Ensuite
il se confessa, donnant des preuves très évi-
dentes de la sincère contrition , de l'ardent
amour, de la profonde piété dont il était pénétré à ces derniers moments de sa vie. Quelques
instants après, on prévint le clergé de la paroisse Royale de venir lui administrer les derniers sacrements. Et lorsque ce mourant, qui ne
pouvait plus se mouvoir, ni prononcer une seule
parole, entendit le son des clochettes annoncer la
venue du saint Viatique, il se dégage subitement,
appuie ses mains sur le lit, se soulève, s'assied.
En voyant entrer le prêtre qui portait le Très Saint
Sacrement, il croise les bras sur la poitrine, délie
sa langue, et, d'une voix forte que l'on peut entendre au loin, s'écrie: *Voici..... maintenant les arrhes
de la vie éternelle..... Venez, mon Dieu..... mon
Père.... mon Seigneur..... mon Époux..... mon
Amour.* Et cela avec une si grande véhémence,
un si grand enthousiasme, que le confesseur de

s'écrier : « Ce ne sont point là ses expressions, mais la splendeur de Dieu ». Et il arrachait des larmes non seulement au prêtre qui dut, comme il l'a attesté depuis, le calmer, pour le communier, mais encore aux soldats qui accompagnaient le saint Viatique et à tous les assistants. Cet événement provoqua tant de componction et d'admiration que le soldat Joseph Orient ne put s'empêcher de dire tout bas au clerc Gaëtan Scotto, agenouillé à côté de lui : « Aujourd'hui il me semble qu'il est arrivé ici ce qui arriva à saint Philippe de Néri à sa mort ».

Cependant, après avoir reçu, avec un souverain tressaillement de l'âme, son Bien-Aimé Jésus, Nunzio, enivré d'une sainte joie, retomba dans son premier abattement, mais le visage empreint d'allégresse.

Il reçut aussi l'Extrême-Onction et suivit pieusement la cérémonie des yeux et avec un léger mouvement des lèvres. Ceux qui s'approchaient de lui l'entendaient alors redire et invoquer les noms de Jésus, de Marie, de saint Josesph, et aspirer avec ferveur au Paradis. Au clerc Gaëtan Scotto, qui l'exhortait à souffrir avec force ses dernières douleurs, il répondit, comme s'il eût déjà goûté les délices du paradis : *Oh ! que je me sens bien !* Le prêtre lui donna le crucifix ; en le voyant, ses yeux brillèrent de joie, il le baisa, l'étreignit en souriant, le posa sur sa poitrine, et, n'ayant en quelque sorte plus rien à faire sur la terre, il entra en agonie. Elle dura deux heures, sans que Nunzio perdît connaissance. Enfin le serviteur de Dieu, se tournant du côté des images de Jésus crucifié et de Marie, fixa ses regards sur elles et rendit paisiblement son âme à son Créateur, à l'âge de dix-neuf ans et vingt-deux jours, le jeudi 5 mai 1836, à trois heures après midi, comme il l'avait annoncé le matin même à son confesseur. Sa mort fut si calme que le prêtre qui l'assistait dut s'en assurer, comme il l'a affirmé sous la foi du serment.

CHAPITRE XX

A peine la mort de Nunzio fut-elle connue qu'un grand nombre de personnes de toutes conditions accoururent contempler son corps. Il était beau, frais, paraissait assoupi, absorbé en Dieu. Les yeux étaient ouverts, brillants, les lèvres vermeilles ; un doux sourire animait le visage qui était couleur de rose. « Avant la mort du serviteur de Dieu, dit le colonel, l'hydropisie avait rendu son corps monstrueux ; aussitôt qu'il eut expiré, il réapparut comme à son arrivée chez moi et son visage s'épanouit comme une rose. » En touchant ses mains, on ressentait la chaleur de la vie ; tous ses membres étaient flexibles et la plaie du pied, devenue rouge, répandait du sang et un parfum si agréable que les assistants s'écriaient : Oh ! quelle odeur ! quel parfum céleste ! Ceux qui la découvraient afin de la sentir disaient, stupéfaits : « Comme cette plaie exhale une bonne odeur ! C'est un saint ! »

Cependant le corps vêtu décemment, un petit crucifix entre les mains et une petite image de la sainte Vierge sur la poitrine, fut exposé dans les appartements du colonel. Aussitôt une grande foule accourut de Château-Neuf et du dehors : ouvriers, marchands, nobles, prêtres, religieux, officiers, soldats, tous n'avaient qu'une voix : « Il est mort, le saint! Qu'il prie Dieu pour nous ». C'était à qui parlerait de ses vertus ; l'un rappelait sa constance à supporter ses accablantes douleurs ; l'autre sa profonde humilité à supporter les mauvais traitements de toute nature et de toutes personnes ; celui-ci exaltait la pureté de ses mœurs, son union continuelle à Dieu, son excessive libéralité envers les pauvres ; celui-là, son affectueuse dévotion à la sainte Vierge, à ses douleurs, à son Rosaire ; tous étaient unanimes à louer sa sainteté, bénissant le Seigneur de l'avoir comblé de dons si sublimes et se recommandant avec confiance à son intercession ; quelques-uns, non contents de lui baiser les pieds et les mains, prenaient comme reliques les objets qui avaient été à son usage, enlevaient les petits linges qui couvraient ses plaies, coupaient ses vêtements, arrachaient les fleurs de la couronne qu'il avait sur la tête ; d'autres allaient jusqu'à couper des mèches de ses cheveux. Le colonel fit reproduire sur toile son angélique visage, fidèle miroir de son âme ; ce travail, très réussi, est dû au fameux artiste Maldarelli (1).

(1) Ce tableau reproduit seulement le buste du Vénérable

Le lendemain, 6 mai, un décret du roi Ferdi-
nan II permit d'ensevelir le corps dans l'église de
Saint-Sébastien, église paroissiale de la Cour. Le
corps y fut transféré solennellement. La foule avait
demandé qu'il demeurât découvert, mais le curé
s'y était opposé, et, le cercueil n'étant pas fermé,
un Père Dominicain le couvrit de son manteau
noir. Après la cérémonie, comme le peuple demandait instamment à contempler encore le corps
et que des prodiges s'étaient opérés, on fit à la
Curie un exposé exact et minutieux des faits qui
s'étaient passés, et le grand Aumônier ordonna
de garder provisoirement la dépouille mortelle
dans un lieu à part, afin que l'on procédât aux for-
malités prescrites en pareilles circonstances (1).
On mit donc le corps de Nunzio dans un cercueil
à couvercle mobile et on le transporta dans
une Congrégation religieuse de la même paroisse.

Le lendemain le chirurgien-major des hôpitaux
militaires l'examina en présence des membres de
la Curie. Il constata qu'il était flexible dans les
membres supérieurs et inférieurs, sans trace de

de grandeur presque naturelle, les mains jointes sur la
poitrine, les yeux fixés sur l'image de son Enfant Jésus,
suspendu à l'une des parois de la chambrette. Il est
actuellement dans la noble famille Sérignano, à laquelle
le colonel Wochinger, son parent, l'a laissé à sa mort avec
plusieurs autres objets ayant appartenu à Nunzio.

(1) *Curie* signifie ici l'autorité ecclésiastique, à laquelle
il appartenait de se prononcer sur les faits extraordinaires
qui avaient lieu.

corruption , pas même au pied malade , car
aucune mauvaise odeur ne s'exhalait de ses
membres. Le visage était pâle ; mais ce n'était
pas la pâleur de la mort ; il avait au contraire
conservé ses formes naturelles ; les lèvres étaient
vermeilles, et cela trois jours après la mort.

Ce spectacle avait attiré une foule nombreuse
et plusieurs officiers supérieurs de l'armée. Un
général supplia les membres de la Curie de
permettre que le corps du serviteur de Dieu fût
saigné ; ils y consentirent. Vincent di Pietro, sai-
gneur militaire en garnison à Château-Neuf, fit
une incision à la veine de la main gauche et il
en sortit quelques gouttes de sang caillé. On
l'attribua à la frayeur naturelle de l'opérateur
et on insista pour que l'incision fût faite plus
soigneusement à l'autre main ; après l'opération,
un sang vermeil ruissela entre le pouce et l'index,
comme François Rajan, qui soutenait le bras, l'a
attesté dans sa déposition. A ce prodige tout le
peuple cria avec enthousiasme : « *Il est saint ! il
est saint !* » Immédiatement on recueillit le sang
dans un linge fin envoyé par le colonel. On fit
un rapport au roi et un procès-verbal, qui fut lu
publiquement, scellé et déposé à la Curie. Toutes
ces opérations eurent lieu en présence de tout
le peuple ; pour l'empêcher de couper en morceaux les habits du Vénérable et d'enlever ses
cheveux, il fallut recourir à la force publique,
durant les trois jours qui s'écoulèrent avant la

sépulture. Non seulement les fleurs de la couronne placée sur la tête du Vénérable conservèrent leur fraîcheur et leur couleur jusqu'au moment de la sépulture, mais encore elles répandaient un parfum extraordinaire.

Enfin le 10 mai, le corps fut placé dans un cercueil en bois qui fut fermé à double clé, entouré de larges tresses de chanvre et scellé, aux quatre coins, du sceau du grand Aumônier. Sur le couvercle était écrit à l'encre : « Nunzio Sulprizio », et au-dessous : « Mai 1836 ». Ce cercueil fut mis dans un autre également en bois, sur lequel une plaque de fer-blanc portait l'inscription : « *Ici repose le serviteur de Dieu, Nunzio Sulprizio*, des Abbruzzes, 19 ans, mort le 5 mai 1836 ». Ce second cercueil n'avait pas de clé, il était simplement cloué. Ainsi fermé et scellé, le corps de Nunzio Sulprizio fut déposé dans la sépulture des prêtres de la paroisse Saint-Sébastien.

CHAPITRE XXI

Les restes mortels de Nunzio reposaient, depuis plus de onze ans, dans la sépulture des prêtres de l'église Saint-Sébastien, lorsque, eu égard au concours des fidèles au tombeau du serviteur de Dieu et aux grâces obtenues par son intercession, le colonel obtint un Rescrit Royal qui permettait de déposer son corps dans un autre endroit de la même église. Or, le 12 juillet 1847, la sépulture des prêtres fut ouverte en présence des officiers de la Curie et des témoins nécessaires : deux menuisiers, un ferblantier, un maçon et un marbrier y descendirent et en retirèrent le cercueil renfermant le corps du serviteur de Dieu. A peine fut-il déposé sur le pavé qu'il répandit tout autour un merveilleux parfum. Les cercueils étaient intacts; sur le couvercle du premier on lut les noms de baptême et de famille du Vénérable et la date de sa mort ; sur le second cercueil on reconnut aussi que les sceaux étaient intacts ; que les tresses avaient échappé aux ravages du temps et

de l'humidité du lieu et que les fermetures étaient
entières. Les deux cercueils furent placés dans
un troisième tout en zinc qui fut bien fermé. A
l'endroit correspondant à la tête, on grava une
croix avec un poinçon, et plus bas : « *Nunzio
Sulprizio transféré ici le 12 juillet 1847* ». Enfin
le triple cercueil fut déposé dans une fosse pratiquée sous le pavé de la même église, du côté
de l'épître, dans la seconde chapelle en entrant,
dédiée à Notre-Dame du Rosaire. Le cercueil fut
assujetti et l'entrée de la fosse fermée par une
large pierre encadrée dans une bordure de mar-
bre noir, sur laquelle était gravée une croix et
l'inscription suivante :

HIC JACET CORPUS

ADOLESCENTIS NUNTII SULPRITII

SERVI DEI, PROVINCIÆ THERAMI.

OBIIT 4 MAI 1836.

Douze ans plus tard, après que le décret d'introduction de la cause de béatification en Cour de
Rome eut été signé, on ajouta :

PIUS PP. IX

VENERABILEM DECLARAVIT

DIE 9ᵃ JULII 1859.

Vingt-sept ans après cette première translation
et trente-huit depuis la mort du Vénérable, Mon-

seigneur de Cristofaro, postulateur de la cause de béatification, demanda à l'archevêque de Naples et au pouvoir civil l'autorisation de changer son corps de place ; et la cérémonie fut fixée au 31 du mois d'août 1874. Quoique le plus rigoureux secret eût été gardé, on eût dit que la cérémonie avait été annoncée à son de trompe dans les rues les plus populeuses de Naples : l'église paroissiale du Palais, quoique très spacieuse, se remplit vers midi, l'affluence devint si considérable et si compacte qu'à l'arrivée des officiers de la Curie vers cinq heures, la force publique dut écarter et maintenir la foule pour leur permettre de commencer la cérémonie.

Les maçons découvrirent le cercueil qui renfermait le précieux dépôt et le placèrent sur une table au milieu de l'église. Après la lecture de l'inscription gravée sur la plaque de zinc, on ouvrit les trois cercueils. Les sceaux du troisième étaient intacts, mais les liens avaient subi l'action du temps et le couvercle, abîmé par l'humidité, reposait sur le corps du Vénérable. Au premier coup d'œil on ne distinguait rien, mais un examen plus attentif fit découvrir un mélange de plusieurs haillons gâtés, d'esquilles d'os, de débris de bois et les souliers, en sorte qu'après avoir reconnu l'authenticité de ces dépouilles bénies, on en rédigea le procès-verbal. Le cercueil, fermé avec des clous et de petites cordes, fut scellé, transféré dans l'église Saint-Michel, place du Dante, et déposé provisoirement dans une des sacristies.

Le 14 septembre suivant, le cercueil fut de nouveau ouvert ; deux chirurgiens examinèrent les os, les comptèrent, les désignèrent chacun en particulier ; puis les scellèrent dans un vase de terre. On mit dans un autre vase semblable les cendres et des fragments d'os, et ces deux vases furent placés aux extrémités d'un petit cercueil neuf ; avant de le fermer, on y plaça aussi le crucifix du Vénérable, un scapulaire de la sainte Vierge, renfermé entre deux verres, les haillons, les souliers trouvés dans le sépulcre primitif, le procès-verbal précédent et celui du jour. Le sépulcre fut scellé et déposé dans une excavation pratiquée dans le pavé de la chapelle de Sainte-Irène, du côté de l'épitre, puis recouvert d'une pierre, portant l'inscription suivante :

✝

HIC   JACET

CORPUS VENERABILIS SERVI DEI NUNTII SULPRIZII

ADOLESCENTIS DIŒCESIS PINNENSIS

E. PARŒCIA S. SEBASTIANI M.

IN CASTRO NOVO NEAPOLI.

HUC TRANSLATUM, DIE 31ª AUGUSTI 1874,

AUCTORITATE ET INTERVENTU

CURIÆ ARCHIEPISCOPALIS NEAPOLITANÆ.

OBIIT NEAPOLI, DIE 5 MAJI 1836.

D'autres fragments qui ne purent être distingués de la poussière furent renfermés dans un autre vase semblable aux deux que nous avons mentionnés.

Quant aux reliques improprement dites : l'autographe de la lettre à son oncle Dominique est conservé à Rome ; les Sœurs du Refuge de la Bonne-Mort, à Giugliano en Campanie, conservent la précieuse peinture sur verre de l'Enfant Jésus qui lui était si chère ; une statuette de saint François de Paule et son lit qui leur avaient été donnés par le colonel ; ces bonnes Sœurs ont donné quelques morceaux du lit à plusieurs personnes. Les religieuses de l'Adoration perpétuelle de Naples montrent l'oreiller sur lequel mourut le Vénérable. M. Pascal de Majo, secrétaire du colonel Wochinger, a reçu de lui un bonnet et quelques cheveux de Nunzio, enlevés après sa mort. M. l'abbé Raphaël Pica, auteur de l'intéressant volume que résume celui-ci, conserve la béquille de Nunzio, son petit bâton, le panier de paille avec les petits linges usés qui servaient à panser la plaie, une paire de caleçons bleus et noirs, une bandelette, une table de nuit, un morceau de toile du matelas, une touffe de cheveux, deux chemises déchirées tachées du pus et du sang de la plaie.

Le Vénérable, de taille moyenne, avait les cheveux blonds, bien fournis, très fins et incultes, le front large et majestueux ; les sourcils délicats

abritaient deux grands yeux bleus très modestes ;
le nez était régulier, la bouche petite, le sourire
gracieux ; les lèvres ternes, le visage pâle et
décharné par ses grandes et continuelles souffrances et par des mortifications volontaires ; le
menton, un peu allongé, donnait une grâce et un
charme admirables à cette figure angélique. Il parlait facilement le dialecte des Abbruzzes. Il avait
l'air content et les yeux élevés au ciel. Son aspect
était le fidèle miroir de son âme, et son visage
le tableau de sa vie.

CHAPITRE XXII

En partant de Pesco Sansonesco pour Naples, Nunzio prit congé d'un de ses parents; celui-ci se mit à pleurer, prévoyant qu'il ne le reverrait plus en ce monde. Ecoute, lui dit le Vénérable, je te promets de venir te trouver. Et Nunzio partit. Le 5 mai 1836, ce parent vit subitement Nunzio devant lui et il lui dit : *Me voici, je suis venu te voir.....* Je vais bien. Puis il disparut. Ce parent constata que Nunzio lui était apparu au moment de sa mort, pour tenir la promesse faite à son départ.

Une nuit, le colonel dormait profondément dans sa maison ; au milieu de son sommeil il entendit son cher Nunzio lui dire d'une voix forte et stridente : *Papa, levez-vous, car le Palais Royal est en flammes.* Le colonel crut que c'était une illusion. Mais une seconde fois la même voix lui cria : *Papa, levez-vous, le Palais Royal est en flammes.* Le colonel n'hésite plus, il sort du lit, court à la fenêtre et voit le Palais tout

en feu. Immédiatement il appela les sentinelles
et l'incendie fut éteint.

L'aumônier militaire, confesseur du Vénérable,
se trouvait avec son régiment très éloigné de
Naples, lorsqu'une dépêche du roi le pressa de
revenir en cette ville pour affaires très urgentes.
Le vaisseau qui le portait naviguait heureuse-
ment, lorsque tout à coup des plaintes, des cris,
des gémissements désespérés firent explosion.
Une chaudière avait pris feu, et on courait grand
danger de brûler et de couler. L'aumônier, con-
fiant en l'intercession de son saint pénitent, se
recommanda chaudement à lui, et bientôt le feu
cessa. Arrivé à Naples, il apprit que le roi l'avait
mandé pour témoigner, au procès préliminaire,
des vertus du serviteur de Dieu.

Les objets dont s'était servi Nunzio repandaient
une odeur merveilleuse. Le colonel a constaté
plusieurs fois et en des temps différents qu'un
parfum très agréable s'exhalait du lit sur lequel
il était mort, et par dévotion pour Nunzio il ne
le fit jamais enlever de sa chambrette. Écoutons
le colonel : « Environ quinze jours après la mort
du serviteur de Dieu, je m'approchais du lit où
il avait reposé et, dans mon enthousiasme, je
m'écriai : Nunzio, mon cher Nunzio, vous m'avez
abandonné ! A ces paroles je fus entouré d'un parfum vraiment céleste : sur le moment je ne me
rendais pas compte si le fait était naturel ou surnaturel ; mais, réfléchissant que je n'avais sur moi

ni essence, ni parfum et qu'il n'y en avait pas dans la chambre, puisque je n'en usais pas, je me persuadai aussitôt que ce devait être un effet surnaturel, et je le pris pour un signe que le Seigneur voulait de grandes choses de son serviteur. Le même fait se reproduisit plusieurs fois et à des époques différentes. »

Voici maintenant la déposition du prêtre Antoine Radente, premier postulateur de la cause de béafication :

« Je me rendais chez le chevalier François Caravita, prince de Sirignano, dont la femme est nièce de feu le colonel Wochinger, pour chercher les reliques du Vénérable Nunzio, demeurées dans cette maison. On me présenta son bâton, sa béquille et un petit panier contenant les petits linges dont il se servait pour panser sa plaie. Je mis tous ces objets dans la voiture et je revins à la maison. En arrivant, je dis à ma servante d'étendre ces petits linges hors de la terrasse ; le lendemain après midi, je sentis de la terrasse une odeur surprenante et très agréable et, malgré mes recherches, je ne pus découvrir d'où elle sortait. Après dîner, ma servante recueillit ces petits linges dans le même panier. Le soir elle me dit, toute joyeuse, que ses mains répandaient un parfum semblable à celui que j'avais respiré sur la terrasse. En recueillant les petits linges, me dit-elle, elle avait respiré cette odeur, les avait baisés et tenus serrés dans ses mains, tant cette odeur était agréable. Je pensai à un miracle, car je me rappelais avoir respiré un parfum semblable en assistant à la reconnaissance du corps du Vénérable. Je n'eus plus aucun doute, lorsque j'appris de mon serviteur André que, la veille, lorsque j'arrivais en voiture, la portière était accourue demander au cocher ce que nous avions apporté. En apprenant que c'étaient de petits linges ayant appartenu à un saint, elle avait voulu les voir et en avait gardé un, en s'écriant : Quel parfum ! quel parfum ! Alors je ne doutai plus du miracle. »

CHAPITRE XXIII

RÉPUTATION DE SAINTETÉ DE NUNZIO. — SA MORT.
IL EST DÉCLARÉ VÉNÉRABLE.

Après la mort du Vénérable, sa réputation de sainteté se répandit d'abord à Naples. C'était juste : il avait été reçu dans cette ville, il y avait fait sa première communion et laissé sa dépouille mortelle. Dieu lui-même fournit la première preuve de la sainteté de son serviteur, immédiatement après sa mort. En voyant couler le sang de ses veines, le peuple s'écria : *Il est saint!* et la réputation de sainteté du pauvre ouvrier eut autant de témoins et de hérauts qu'il y avait de spectateurs à Château-Neuf. Ce quartier avait deux mille habitants. Ajoutez-y ceux qui étaient accourus pour contempler le corps de Nunzio parce qu'ils avaient admiré ses vertus de son vivant, ou bien pour se recommander à ses prières ; ils étaient de tout âge, de toute condition, depuis les plus hauts grades de l'armée jusqu'au dernier des soldats : évêques, prêtres, magistrats, négociants, ouvriers, laboureurs. La connaissance du jeune homme, mort en odeur de sainteté, se propagea rapidement, des pères aux enfants, des prêtres au peuple, des citadins aux étrangers, du voisinage dans le lointain. Tout ce qu'on savait, tout ce qu'on en disait, le désir d'en savoir toujours davantage firent accourir les foules qui voulaient des renseignements plus amples, plus complets, plus précis, de ceux qui avaient eu le bonheur de le voir, de lui parler, de le soigner. Des personnages distingués parmi le clergé et les séculiers, des communautés religieuses de Naples et du dehors sollicitèrent du colonel les objets ayant été à l'usage du défunt. Tout fut distribué, le colonel ne se réserva que le portrait, la béquille, le petit bâton, le panier et les petits linges qu'il contenait. Plus tard, il fit graver sur cuivre, par un artiste en renom, le portrait de son cher Nunzio, agenouillé sur le plancher de sa chambre, les yeux levés vers l'Enfant Jésus et absorbé dans un ravissement céleste; devant lui, sur une petite table, le crucifix, l'image de Notre-Dame des Douleurs, le rosaire et un livre ouvert; à côté, le petit panier et la béquille. Il se procura aussi de l'eau de la Roche-Rousse, afin de satisfaire les demandes quotidiennes venues de tous les pays.

Les grâces diverses et les miracles obtenus par l'intercession du serviteur de Dieu affermissaient et accroissaient sa réputation de sainteté plus que toutes les autres preuves de sa vertu ; de nombreux pèlerins accouraient à son tombeau pour y prier, implorer des grâces spéciales, accomplir des vœux. Sur les âpres montagnes des Abbruzzes, à Pesco Sansonesco, son berceau, retentit l'écho de l'étonnante sainteté de Nunzio. A ce seul nom, les bons Pescolans (1) s'émeuvent jusqu'aux larmes ; au récit de ses vertus et des dons célestes dont il fut enrichi, ils sont ravis d'étonnement ; ils envient saintement à la cité de Naples le bonheur de posséder ses restes mortels ; ils recherchent ses images ; elles occupent la place d'honneur dans chaque famille ; les pères imposent aux enfants le nom de Nunzio et les conduisent par la main visiter les lieux sanctifiés par la présence de cet ange de la terre ; les vieillards qui se le rappellent, racontent tout ce qui leur revient à l'esprit, ce qu'ils ont vu, entendu ; ils dépeignent, en pleurant de tendresse, les traits de son visage ; ils ne cessent de louer la pureté de ses mœurs, la patience de son martyre, son obéissance, sa piété, son dévouement, son union à Dieu. Dans la petite source de la Roche-Rousse, ils prétendent posséder une autre piscine probatique ; la maison qu'il habita est visitée comme un lieu sanctifié par la présence d'un saint. Et comme si ses compatriotes le retrouvaient vivant dans ses restes mortels, ils

(1) Traduction de l'italien *pescolani*, habitants de Pesco Sansonesco.

se pressent dans l'église Saint-Michel, place du Dante, où de vigoureux adolescents s'écrient : Laissez-nous voir où repose notre parent le *saint*, *le Bienheureux Nunzio !*

De Naples la réputation de sainteté du pauvre apprenti maréchal se répandit d'abord dans les lieux qui avaient eu le privilège de le posséder : Popoli, Corvara, Aquilée ; puis en Italie, en Autriche, en France, en Suisse, en Portugal, en Palestine, dans les deux Amériques ; en preuve les nombreuses demandes de l'eau de la Roche-Rousse. On expédie cette eau avec les images, les reliques, les histoires de la vie de Nunzio qui se répandent par milliers ; des cercles ouvriers se fondent sous son patronage, d'abondantes aumônes sont recueillies pour subvenir aux grands frais de sa Béatification ; à son intercession, le Seigneur daigne accorder de nombreuses grâces, opérer des prodiges ; les pèlerins affluent à son tombeau. Des personnages distingués par leur situation sociale et plus encore par leurs vertus ont été convaincus de la sainteté du Vénérable ; au premier rang il faut citer les Souverains Pontifes Pie IX et Léon XIII.

Les nombreuses et diverses statues et gravures qui représentent le Vénérable ne satisfont point la pieuse avidité des fidèles. A Naples seulement, huit gravures et lithographies ont été exécutées à Rome et en France, plusieurs ont été gravées sur cuivre ; dernièrement à Sienne on a fait une

très gracieuse image de diverses couleurs. Des
pays lointains on demande à Pesco Sansonesco, à
Naples, des reproductions des lieux habités par le
Vénérable.

A leur tour les biographes de Nunzio ont
recueilli les témoignages de ses contemporains, et
en particulier du colonel Wochinger ; les procès
ordinaires et apostoliques (1) ont reproduit les
faits attestés sous la foi du serment. C'est ainsi
que de la mort de Nunzio à nos jours, des prêtres, des laïcs ont publié des Vies du Vénérable à
Naples, à Rome, à Bologne, en France. En Belgique a paru une remarquable biographie illustrée.

Quelque temps après la mort de Nunzio, une
dame de la cour accompagnait à cheval la Reine
de Naples ; elle tomba de cheval et se fractura un
genou. Le colonel Wochinger, témoin de l'acci-
dent, voulut qu'elle appliquât immédiatement sur
la fracture quelques fils de la charpie avec laquelle
le serviteur de Dieu avait pansé sa plaie ; la douleur se calma aussitôt et le lendemain la guérison
était complète. A cette nouvelle, le Roi Ferdinand II, désirant que la cause de béatification fût
introduite en Cour de Rome, s'inscrivit dans ce but

---

(1) Le procès ordinaire est celui qui est fait par ordre
de l'Evêque du lieu, afin de constater les miracles opérés
par le serviteur de Dieu ou à son intercession ; le procès
apostolique est le procès ordonné ensuite par le Pape pour
vérifier les faits relatés au procès ordinaire.

pour mille ducats, et le 9 juillet 1859 Pie IX déclarait Nunzio Vénérable en même temps que Marie-Christine de Savoie, morte le 31 janv. 1836.

Un autre prodige fut aussi très favorable à cette cause : François Bartoleschi, avocat des causes saintes à Rome, ayant été chargé de défendre celle de Nunzio, fut atteint du choléra et en danger imminent de mort; il se recommanda avec ferveur au serviteur de Dieu et promit de prêter gratuitement son concours, s'il guérissait. Il guérit à l'instant et tint promesse.

CHAPITRE XXIV

Cette source précieuse aux bons habitants de
Pesco Sansonesco, depuis que le petit Nunzio y
lavait sa plaie, est devenue sacrée pour eux depuis
qu'il s'est envolé au ciel. On y vient en tous temps,
de tous les pays du monde : on se met à genoux,
on baise la terre, on y lave, on y baigne ses membres malades ; on boit l'eau miraculeuse, on l'em-
porte, on l'expédie dans les contrées lointaines.
La prophétie d'Isaïe se réalise : *la solitude sera
dans l'allégresse ; elle fleurira comme le lis* (2).
Maintenant les bons Pescolans (3) appellent la
petite source *fontaine du Bienheureux Nunzio.*
A mesure que leur dévotion augmente, que la
cause de béatification avance, ils travaillent plus
allègrement à construire une église auprès de
cette source, témoin des vertus, des extases, des

(1) Voir chapitre IV.
(2) XXXV.
(3) Les habitants de Pesco Sansonesco.

faveurs célestes du Vénérable, et ils tressaillent en attendant que retentisse la voix infaillible du Souverain Pontife pour glorifier l'humble adolescent et le placer sur les autels.

Le 27 mai 1891, le curé archiprêtre de Pesco Sansonesco écrivait à M. l'abbé Raphaël Pica, auteur de la Vie que nous abrégeons : « En septembre dernier, après l'introduction de la cause du Vénérable en Cour de Rome, j'ai fait jeter les fondations d'une chapelle à la Roche-Rousse, afin qu'elle soit terminée à l'époque de la Béatification qui n'est pas éloignée ; elle le sera, j'espère, cette année, et la bénédiction pourra se faire en temps opportun.

« Les personnes qui ont confiance en l'intercession du Vénérable Nunzio ne cessent d'affluer de toute part. L'eau miraculeuse est expédiée dans toute l'Italie. De Belgique on m'a demandé le plan topographique du pays et de la source pour une biographie illustrée, éditée avec un grand luxe. La ferveur augmente beaucoup et partout, et je voudrais avoir le bonheur de solenniser dans la chapelle la fête que tous attendent avec impatience. »

Le 24 août suivant, le même curé écrivait de nouveau à M. l'abbé Pica :

« Après avoir fait, à l'aide de la population, une place devant la petite source en enlevant des monceaux de rochers, le dimanche 23 août 1891, à trois heures après midi, je conduisis processionnellement la population, de l'église paroissiale sur la place où doit s'élever la nouvelle chapelle et, au milieu de l'enthousiasme universel et de la détonation des boîtes, je bénis, conformément au Rituel romain, la première pierre ; puis je plantai la Croix au centre de la place. Le lendemain les travaux commencèrent. La construction actuelle aura sept mètres cinquante de longueur et douze mètres vingt de largeur. De chaque côté se trouve une sacristie ; la partie du milieu, large de six mètres dix centimètres, servira de chœur à l'église, lorsque la construction aura été prolongée. Pour le moment, la partie antérieure sera simplement fermée d'une grille en fer.

« L'eau qui jaillit des petites fissures du rocher est toute recueillie derrière le petit autel de la chapelle, où l'on construira une petite fontaine artistique.

« Enfin le sanctuaire est adossé à la Roche-Rousse que la nature a taillée à pic sur une hauteur de cinquante mètres et une largeur de deux cents. »

A l'instar des eaux de la piscine probatique de Jérusalem, celles de la source du Vénérable Nunzio opèrent des merveilles et guérissent les infirmités corporelles : « Depuis dix-huit ans , dit Jeanne Palmicrini, je souffrais d'un violent mal de dents ; pendant sept ou huit jours, j'avais essayé quelques remèdes, tous sans résultat. Mon mari me conseilla d'aller chercher de l'eau à la petite source : j'y allai ; mais la foule était telle que je ne pus en avoir que quelques gouttelettes ; elles firent immédiatement cesser la douleur. »

« Il y a dix ans, ajoute la même personne, un homme de Lama, province de Chieti, amena chez moi son fils atteint d'une affreuse gangrène à la ambe. Après avoir été lavée, pendant plus d'un mois, avec les eaux de la fontaine du Vénérable Nunzio, la plaie disparut entièrement. Six ou huit mois après la guérison, le père et le fils apportèrent une jambe de cire en ex-voto au Vénérable ; depuis lors, ils reviennent presque chaque année le remercier. Vers la même époque un père amena de Corsoli à Pesco Sansonesco sa fille âgée de onze ans ; à la petite source elle se lava les yeux, recouvra immédiatement la vue et reconnut en premier lieu le broc qui servait à puiser de l'eau. — Un habitant de la ville de Penne vint aussi remercier le serviteur de Dieu d'une grâce reçue par un de ses parents ; il gisait dans son lit tout enflé, abandonné des médecins et administré des derniers sacrements ; à peine eut-il bu de l'eau de la source du Vénérable Nunzio, qu'il se mit à vomir, reprit ses sens, reconnut immédiatement les personnes présentes, sortit du lit, demanda à manger et se trouva parfaitement guéri. »

L'eau de la même source guérit aussi une marchande de drap, d'un mal de gorge ; la princesse de Leucosie, d'un squirrhe ; le R. Ignace Sonsino, d'un abcès mortel ; Charles Cetra, de douleurs rhumatismales dont il souffrait depuis quarante ans; Nicolas Zollis, d'une hypertrophie du cœur et de profonds ulcères purulents ; Marie-Gaétane Léonard, d'un flux de sang qui l'avait réduite à l'agonie ; Pierre Urbano, d'un cancer ; Vincent Menna et Antoine de Giuseppe, d'ulcères.

Ces faits et beaucoup d'autres déterminèrent l'évêque de Penne à écrire, le 13 février 1873, à l Eminentissime Préfet de la sacrée Congrégation des Rites en faveur de la cause de Béatification du Vénérable. Non seulement il constate la réputation de sainteté toujours croissante de Nunzio Sulprizio et les prodiges que le Seigneur se plaisait à opérer par les eaux de la Roche-Rousse, mais il rappelle en particulier qu'elles avaient guéri un homme d'une sciatique.

Le 21 mars 1893, Anne-Marie d'Onofrio écrivait à M. le curé de Pesco Sansonesco : « En février dernier, je souffrais des bronches et de la diphtérie et je refusais médecin et remèdes. J'étais au lit, et je lisais la Vie du Vénérable Sulprizio, lorsque je reçus la visite de plusieurs personnes. En me voyant lire la Vie de Nunzio et en apprenant que j'espérais guérir par son intercession, toutes applaudirent et m'engagèrent à me recommander à lui de tout mon cœur.

« Le soir, je le priai avec ferveur, je bus de son eau bénie et je m'endormis d'un profond sommeil Durant la nuit, un jeune homme tout rayonnant de lumière m'apparut en songe ; il se prome-

nait dans la chambre et il s'approcha de mon lit.
D'abord je fus effrayée ; mais reconnaissant bien·
tôt le Vénérable Sulprizio (dont je conserve l'i-
mage), je me rassurai ; l'émotion et la joie m'em-
pêchant de rien dire, il me sourit et disparut.

« Le matin, dès que je fus réveillée, je racontai
l'apparition à ma sœur et à d'autres personnes.
Je me trouvais beaucoup mieux et nous rendî-
mes grâces à Dieu. A partir de ce moment, les
souffrances diminuèrent et deux jours après je
sortis du lit. Depuis, je vaque à mes occupations
journalières sans la moindre fatigue.

TABLE DES MATIÈRES

9 782019 940034